山东女子学院北大山成果文库

何以优秀 如何成长

优秀小学道德与法治教师成长叙事

程 伟◎著

中国经济出版社
CHINA ECONOMIC PUBLISHING HOUSE
·北 京·

图书在版编目（CIP）数据

何以优秀　如何成长　：优秀小学道德与法治教师成长叙事 / 程伟著. -- 北京　：中国经济出版社，2025. 7. -- ISBN 978-7-5136-8273-2

Ⅰ. G623. 102

中国国家版本馆 CIP 数据核字第 2025Y8Z424 号

组稿编辑　崔姜薇
责任编辑　黄傲寒
文字编辑　张瑛琪
责任印制　李　伟
封面设计　任燕飞

出版发行　中国经济出版社
印 刷 者　河北宝昌佳彩印刷有限公司
经 销 者　各地新华书店
开　　本　710mm × 1000mm　1/16
印　　张　13
字　　数　151 千字
版　　次　2025 年 7 月第 1 版
印　　次　2025 年 7 月第 1 次
定　　价　78.00 元
广告经营许可证　京西工商广字第 8179 号

中国经济出版社　**网址** http://epc.sinopec.com/epc/　**社址** 北京市东城区安定门外大街 58 号　**邮编** 100011
本版图书如存在印装质量问题，请与本社销售中心联系调换（联系电话：010-57512564）

CONTENTS 目 录

第一章

绪　论

第一节 研究缘起

一、政策要求

党的十八大以来，党中央高度重视学校思政课建设。2019 年 3 月 18 日，习近平总书记在北京主持召开学校思政课教师座谈会并发表重要讲话。习近平总书记指出，思想政治理论课是落实立德树人根本任务的关键课程，办好思想政治理论课的关键在教师。习近平总书记的讲话进一步提升了思政课的重要地位。座谈会召开后，中共中央办公厅、国务院办公厅、教育部等部门先后颁布了《关于深化新时代学校思想政治理论课改革创新的若干意见》《关于加强新时代中小学思想政治理论课教师队伍建设的意见》《深化新时代教育评价改革总体方案》《新时代学校思想政治理论课改革创新实施方案》《全面推进“大思政课”建设的工作方案》《教育部关于进一步加强新时代中小学思政课建设的意见》等一系列文件加强思政课建设，在这些文件中，加强思政课教师队伍建设是十分重要的内容。具体来看，这些文件从配备管理、专业发展、激励评价、组织保障等方面加强思政课教师队伍建设。

配备管理是解决哪些人来教的问题，是思政课教师队伍建设的基础性问题。配备管理政策主要包括编制管理、准入制度、退出制度等内容。在编制管理上，政策要求充分考虑思政课教师的配备并明确专职教师比例，如《关于深化新时代学校思想政治理论课改革创新的若干意见》提出“各地在核定编制时要充分考虑思政课教师配备要求”“各地要统筹解决好思政课教师缺口问题”[①]；《关于加强新时代中小学思想政治理论课教师队伍建设的意见》提出：“完善编制保障，核定或调整中小学编制时应充分考虑思政课教师配备情况，严格按要求配齐思政课教师。小学低、中年级应配备一定数量的专职思政课教师，小学高年级思政课教师应以专职为主，有条件的地方可逐步提升专职配备比例。小学思政课教师可由班主任或相关课程教师兼任，小学党组织书记、校长、德育主任、大队辅导员等领导管理人员应在培训合格后兼任小学思政课教师。”[②] 准入制度进一步明确了思政课教师的入职条件，如《全面推进“大思政课”建设的工作方案》提出

① 中华人民共和国中央人民政府网站．中共中央办公厅　国务院办公厅印发《关于深化新时代学校思想政治理论课改革创新的若干意见》[EB/OL].（2019-08-14）[2025-02-12]. https://www.gov.cn/zhengce/2019-08/14/content_5421252.htm.

② 中华人民共和国中央人民政府网站．教育部等五部门印发《关于加强新时代中小学思想政治理论课教师队伍建设的意见》的通知［EB/OL］.（2019-10-14）［2025-02-12］. https://www.gov.cn/xinwen/2019-10/14/content_5439274.htm.

“中小学校新进专职思政课教师须取得思政课教师资格”“小学兼职思政课教师在上岗前应完成一定学时的专业培训，并考核合格”。[①]《教育部关于进一步加强新时代中小学思政课建设的意见》提出：“严格新任思政课教师招聘条件，必须具备国家规定的相应教师资格。”[②]除健全思政课教师准入机制外，相关文件还要求实行退出机制，如《关于深化新时代学校思想政治理论课改革创新的若干意见》要求：“实行不合格思政课教师退出机制。”[③]《关于加强新时代中小学思想政治理论课教师队伍建设的意见》提出：“对违反职业道德行为的，除按相关规定处理外，须及时调离中小学思政课教师岗位”“对不能胜任思政课教学、未按要求完成培训学时的，应将其退出中小学思政课教师岗位”。[④]

在专业发展方面，思政课教师既有着与其他学科教师共性的要求，如良好的师德素养、扎实的知识基础、过硬的教育教学能力等，又有着特殊的要求，如较强的思想政治素养。即使在共性的教育教学能力方面，思政课教师也与其他

① 中华人民共和国中央人民政府网站.教育部等十部门关于印发《全面推进“大思政课”建设的工作方案》的通知［EB/OL］.（2022-07-25）［2025-02-12］. https://www.gov.cn/zhengce/zhengceku/2022-08/24/content_5706623.htm.

② 中华人民共和国中央人民政府网站.教育部关于进一步加强新时代中小学思政课建设的意见［EB/OL］.（2022-11-04）［2025-02-12］. https://www.gov.cn/zhengce/zhengceku/2022-11/11/content_5726114.htm.

③ 中华人民共和国中央人民政府网站.中共中央办公厅　国务院办公厅印发《关于深化新时代学校思想政治理论课改革创新的若干意见》［EB/OL］.（2019-08-14）［2025-02-12］. https://www.gov.cn/zhengce/2019-08/14/content_5421252.htm.

④ 中华人民共和国中央人民政府网站.教育部等五部门印发《关于加强新时代中小学思想政治理论课教师队伍建设的意见》的通知［EB/OL］.（2019-10-14）［2025-02-12］. https://www.gov.cn/xinwen/2019-10/14/content_5439274.htm.

学科教师有着很大的不同，甚至可以说要求更高。习近平总书记在学校思政课座谈会上的讲话中谈道："思政课的政治性、思想性、学术性、专业性是紧密联系在一起的，其学术深度广度和学术含金量不亚于任何一门哲学社会科学！"①相关文件比较关注教师教学能力的提升，如推进教学方法改革、研究教学重点难点、引导教师把握不同学段的课程目标、探讨思政课一体化教学规律、研究教材重点难点、做好教材内容转化等。在专业发展政策中，除师德教育、教育教学能力提升外，还有较多的内容涉及思政课教师的思想政治教育，如加强学习马克思主义理论，认真学习习近平新时代中国特色社会主义思想，及时学习习近平总书记重要讲话精神，加强学习中华优秀传统文化、革命传统文化、社会主义先进文化等。《关于深化新时代学校思想政治理论课改革创新的若干意见》要求"组织思政课骨干教师赴国外调研，拓宽国际视野，在比较分析中坚定'四个自信'""完善国家、省（自治区、直辖市）、学校三级培训体系"②。《关于加强新时代中小学思想政治理论课教师队伍建设的意见》要求："健全专题培训制度，重点加强中华优秀传统文化、革命文化、社会主义先进文化和相关学科知识的学习，促进中小学思政课

① 中华人民共和国中央人民政府网站. 习近平：思政课是落实立德树人根本任务的关键课程［EB/OL］.（2020-08-31）［2025-02-12］. http://www.gov.cn/xinwen/2020-08/31/content_5538760.htm.

② 中华人民共和国中央人民政府网站. 中共中央办公厅 国务院办公厅印发《关于深化新时代学校思想政治理论课改革创新的若干意见》［EB/OL］.（2019-08-14）［2025-02-12］. https://www.gov.cn/zhengce/2019-08/14/content_5421252.htm.

教师不断更新知识储备。”[①]《新时代学校思想政治理论课改革创新实施方案》要求：“针对教材重点内容和难点问题，组织开展大中小学思政课教师全员培训、专题研修，确保实现全覆盖。”[②]《教育部关于进一步加强新时代中小学思政课建设的意见》要求：“建立中小学思政课教师轮训制度，聚焦教育教学能力提升和教学方式方法创新，有针对性开展培训，每 3 年至少进行一次不少于 5 日的集中脱产培训。”[③]

激励评价政策有助于吸引优秀教师加入思政课教师队伍，扭转“唯文凭”“唯论文”“唯帽子”等不良评价倾向，引导教师重视思政课教学。在激励评价政策中，明确与思政课教师相匹配的评价标准、加大人才项目中对思政课教师的倾斜支持力度、实行职称评审单列等都有助于调动思政课教师的积极性和主动性。如《关于深化新时代学校思想政治理论课改革创新的若干意见》提出“按教师比例核定思政课教师专业技术职务（职称）各类岗位占比，高级专业技术职务（职称）岗位比例不低于学校平均水平，指标不得挪作他用”“要将思政课教师在中央和地方主要媒体上发表的理论文章纳入学术成果范畴”“各地要因地制宜设立思政课教师

① 中华人民共和国中央人民政府网站.教育部等五部门印发《关于加强新时代中小学思想政治理论课教师队伍建设的意见》的通知［EB/OL］.（2019-10-14）［2025-02-12］. https://www.gov.cn/xinwen/2019-10/14/content_5439274.htm.

② 中华人民共和国中央人民政府网站.中共中央宣传部 教育部关于印发《新时代学校思想政治理论课改革创新实施方案》的通知［EB/OL］.（2020-12-18）［2025-02-12］. https://www.gov.cn/zhengce/zhengceku/2021-01/01/content_5576046.htm.

③ 中华人民共和国中央人民政府网站.教育部关于进一步加强新时代中小学思政课建设的意见［EB/OL］.（2022-11-04）［2025-02-12］. https://www.gov.cn/zhengce/zhengceku/2022-11/11/content_5726114.htm.

和辅导员岗位津贴，纳入绩效工资管理，相应核增学校绩效工资总量”。[①]《关于加强新时代中小学思想政治理论课教师队伍建设的意见》要求：“制定与中小学思政课教师岗位特点相匹配的评价标准，突出课堂教学质量和育人实效的导向，拓宽教学成果和研究成果认定范畴，克服唯分数、唯升学、唯论文等弊端。”[②]《教育部关于进一步加强新时代中小学思政课建设的意见》提出“在全国模范教师、优秀教师、教学名师、国家级教学成果奖等评选工作中，向中小学思政课教师适当倾斜，大力选树中小学思政课教师年度影响力人物等先进典型，培育遴选一大批国家级中小学思政课名师、骨干教师和优秀青年教师，增强教师职业认同感、光荣感、责任感”“在教师专业技术岗位等级设置、职称评聘等方面向思政课教师倾斜，中、高级岗位比例不低于教师队伍平均水平，并实行思政课教师职称评审单列，突出专业水平、教学质量和育人实效导向”“各地各校要密切关心中小学思政课教师思想和生活状况，努力帮助解决实际困难，不断增强思政课教师的幸福感、获得感”[③]。

组织保障政策是确保上述政策落到实处而采取的措施，

---

① 中华人民共和国中央人民政府网站.中共中央办公厅 国务院办公厅印发《关于深化新时代学校思想政治理论课改革创新的若干意见》[EB/OL].(2019-08-14)[2025-02-12].https://www.gov.cn/zhengce/2019-08/14/content_5421252.htm.

② 中华人民共和国中央人民政府网站.教育部等五部门印发《关于加强新时代中小学思想政治理论课教师队伍建设的意见》的通知[EB/OL].(2019-10-14)[2025-02-12].https://www.gov.cn/xinwen/2019-10/14/content_5439274.htm.

③ 中华人民共和国中央人民政府网站.教育部关于进一步加强新时代中小学思政课建设的意见[EB/OL].(2022-11-04)[2025-02-12].https://www.gov.cn/zhengce/zhengceku/2022-11/11/content_5726114.htm.

从教育系统外部（如组织领导、经费保障等）为思政课教师队伍建设提供支撑。组织保障政策中要求各政府部门主动为思政课教师队伍建设提供支持、把思政课教师队伍建设情况作为对各地教育督导和绩效考核的重要内容等，都有助于从整体上促进思政课教师队伍建设。比如，《关于加强新时代中小学思想政治理论课教师队伍建设的意见》要求“健全中小学思政课教师队伍建设督导评估机制，把思政课教师队伍建设情况作为对各地、各级教育督导和绩效考核的重点内容，确保中小学思政课教育教学任务保质保量完成”“建立并完善各相关部门考核机制，将中小学思政课教师队伍建设作为对领导班子、干部考核的重要指标”①。《教育部关于进一步加强新时代中小学思政课建设的意见》提出：“各地各校要把提高中小学思政课质量作为重大政治任务，主动谋划、大力推进，切实把好思政课建设政治方向，及时解决突出问题，优先保障思政课建设所需经费，进一步加强教师队伍、教学资源、场所设备等条件建设，认真落实将中小学思政课建设情况纳入各级党委领导班子考核和政治巡视巡察的规定要求。”②

上述相关政策文件进一步强化了思政课的重要地位，加

① 中华人民共和国中央人民政府网站.教育部等五部门印发《关于加强新时代中小学思想政治理论课教师队伍建设的意见》的通知［EB/OL］.（2019-10-14）［2025-02-12］. https://www.gov.cn/xinwen/2019-10/14/content_5439274.htm.

② 中华人民共和国中央人民政府网站.教育部关于进一步加强新时代中小学思政课建设的意见［EB/OL］.（2022-11-04）［2025-02-12］. https://www.gov.cn/zhengce/zhengceku/2022-11/11/content_5726114.htm.

强思政课教师队伍建设的一系列措施有助于确保思政课教师的配备，提升思政课教师的专业素养。在此背景下，深入探讨优秀思政课教师的特质与成长机制成为加强思政课教师队伍建设、落实立德树人根本任务要面对的现实问题。

二、课改吁求

改革开放以来，小学思政课程名称先后经历了“政治”“思想品德”“品德与生活”“品德与社会”“道德与法治”的改变，在课程名称变化的背后是课程性质、课程目标、课程内容等方面的调整。1978年1月18日，教育部颁发了《全日制十年制中小学教学计划（试行草案）》，规定在小学四、五年级开设政治课，每周2课时。“小学四、五年级主要进行初步的共产主义思想教育和必要的政治常识教育。”[①]1981年3月13日，教育部颁发了《全日制五年制小学教学计划（修订草案）》，将政治课改为思想品德课。为了使小学思想品德课更好地发挥教育效果，教育部在1982年颁布了《全日制五年制小学思想品德课教学大纲（试行草案）》，这是新中国成立后的第一部小学思想品德课教学大纲，对小学思想品德课程建设起到了极大的推动作用。1986年5月17日，国家教育委员会颁发了《全日制小学思想品德课教学大纲》，修订后的大纲对原有内容进行了调整，比如，在教学目的中提到

① 课程教材研究所. 20世纪中国中小学课程标准·教学大纲汇编：课程（教学）计划卷［M］. 北京：人民教育出版社，1999：328.

“必要的生活常识、浅显的政治常识以及同小学生生活有关的法律常识”[①]，与以往相比，这些文字表述更加贴近小学生的年龄特点。在此之后，小学思想品德教学大纲在1990年、1992年、1997年分别进行了修订，不断趋于成熟和完善。

2001年，随着《基础教育课程改革纲要（试行）》的颁布，我国第八次课程改革拉开了序幕。在这次课程改革中，小学思政课发生了显著变化，原来的“思想品德”被“品德与生活”“品德与社会”取代，课程名称发生了改变。课程名称的改变意味着课程性质、课程内容、课程结构等都随之变化，教育部先后颁布了《全日制义务教育品德与生活课程标准（实验稿）》《全日制义务教育品德与社会课程标准（实验稿）》和《义务教育品德与生活课程标准（2011年版）》《义务教育品德与社会课程标准（2011年版）》。这一时期，“生活德育”成为小学品德课的核心理念，它倡导尊重儿童的身心发展规律，主张在现实生活中培养儿童良好的行为习惯和道德品质。[②]在此次课改中，“生活德育”深入人心，不仅在课程标准修订、教材编写中予以贯彻和落实，也逐渐被一线教师接受和认可，“生活化”成为一种课堂教学的追求。在“生活德育”理念的影响下，这一时期的品德课教材从儿童生活实际出发，选取发生在儿童身边的事件作为学习内容，并随着儿童生活空间的拓展逐步展开教材内容，这些举措是

① 课程教材研究所.20世纪中国中小学课程标准·教学大纲汇编：思想政治卷［M］.北京：人民教育出版社，1999：57.

② 程伟.生活德育的实施误区及其超越［J］.课程·教材·教法，2021，41（5）：90–95.

教育史上巨大的进步。

党的十八大报告首次提出将立德树人作为教育的根本任务，为了将立德树人根本任务落到实处，教育主管部门先后出台了一系列措施。一是研究制订学生核心素养体系。2014 年 3 月，教育部出台了《关于全面深化课程改革 落实立德树人根本任务的意见》，要求研究制订学生的核心素养体系。二是高度重视教材建设。党的十八大以来，党中央高度重视教材建设，成立了国家教材委员会，出台了一系列关于加强教材建设的文件，将教材建设上升为国家事权。三是加强社会主义核心价值观教育、革命传统教育、中华优秀传统文化教育。2014 年，教育部先后印发了《完善中华优秀传统文化教育指导纲要》《关于培育和践行社会主义核心价值观进一步加强中小学德育工作的意见》。2021 年，教育部印发了《革命传统进中小学课程教材指南》《中华优秀传统文化进中小学课程教材指南》。为了加强中小学法治教育，教育部在 2016 年印发了《全国教育系统开展法治宣传教育的第七个五年规划（2016—2020）》，文件要求将法治教育纳入国民教育体系，在小学开设“道德与法治”课，取代以往的“品德与生活”“品德与社会”。2017 年统编小学《道德与法治》教材在一年级使用，2019 年覆盖所有年级。其编写呈现双重特征：一方面，延续了“生活德育”的教材编写理念，按照学生生活空间的扩展，从“家庭—学校—社区—国家—世界”的生活场域展开教材内容，彰显了学生的主体性，充分尊重学生的身心发展规律；另一方面，作为统编教材，其特别凸显意识形态属性，强化革命传统教育、中华优秀传统教育、社会主义核心价值观教育等内容，厚植学生做中国人的精神根基。

2022 年 3 月 25 日，教育部印发了新修订的义务教育课程方案和义务教育道德与法治课程标准，掀起了新一轮的课程改革浪潮。就道德与法治而言，这次课改有以下几个特点。一是明确提出了“核心素养”的概念。课程标准指出：“道德与法治课程要培养的核心素养，主要包括政治认同、道德修养、法治观念、健全人格、责任意识。”[①] 二是更加凸显中国特色。课程内容尤为注重中华优秀传统文化与革命传统教育、国情教育、社会主义核心价值观教育等。三是注重学业质量。课程标准明确指出了不同学段的学业成就表现，为教师有针对性地开展课堂教学奠定了良好基础。

教师是课程方案的执行者和课程标准的实施者，教师对课程标准的认识和理解深刻影响着新课程的实施效果。因此，提升教师的专业素养、教学水平是落实新课标的重要举措。在道德与法治教师群体中，有一群勤于思考、善于研究、富有情怀的优秀教师，在道德与法治教学和研究中发挥着榜样示范作用，他们的成长历程值得广大教师借鉴。因此，对道德与法治教师成长历程的研究有助于促进道德与法治教师的专业成长，进而推动新课标的有效实施。

① 中华人民共和国教育部. 义务教育道德与法治课程标准（2022年版）[S]. 北京：北京师范大学出版社，2022：5.

三、现实诉求

从整体上看，小学道德与法治教师队伍建设面临重重困境。一是流动性大。在小学里，道德与法治课往往由班主任、语文教师兼任，教师队伍极其不稳定，甚至在有的学校出现了“有多少位语文教师就有多少位道德与法治教师”的现象。这些教师或者出于完成课时工作量的要求，或者出于学校的临时安排等原因任教道德与法治课，普遍存在应付心理，既没有投入过多时间和精力，也缺乏长期的专业发展规划，导致专业发展面临重重问题。二是兼职比例高。有研究通过对全国 31 个省、自治区、直辖市的调查发现，“小学《道德与法治》教师兼职比例高达 80.6%、专职比例为 19.4%；初中《道德与法治》教师兼职比例为 10.3%、专职比例为 89.7%；高中思政课教师兼职比例为 8.9%、专职比例为 91.1%”①，小学道德与法治教师的配备问题直接影响了后续的专业发展。三是专业性弱。2001 年新课改以来，小学思政课先后经历了“品德与生活”“品德与社会”“道德与法治”三个阶段的调整，课程内容涵盖品德教育、社会教育、历史教育、法治教育、地理教育等，这对教师提出了极高的要求。目前，小学道德与法治教师多由其他学科教师兼任，由于时间和精力的限制，其无暇研究教学，专业发展受限。

① 胡姝，张广斌，张志勇.组织生态视阈下中小学思政课教师专业发展的困境与策略：基于 2020 年度全国中小学德育调查［J］. 教育科学研究，2022（8）：71-77.

尽管如此，在小学道德与法治教师中仍然有一部分教师热爱道德与法治教学、深耕教学研究、持续探索教学改进路径，取得了令人瞩目的成就。在兼职比例高、专业发展面临阻碍的情形下，这些优秀的道德与法治教师犹如在夹缝中成长。与其他学科和其他阶段的教师相比，小学道德与法治教师如何走向教学岗位、如何认识课程性质、在专业成长过程中经历了哪些阶段、推动他们成长的动力有哪些等问题更值得探究。找到这些问题的答案可以为教师专业成长提供借鉴。

第二节 研究现状

随着小学道德与法治课重要性的提升，关于小学道德与法治教师的相关研究成果也不断涌现。具体来看，以往的研究主要聚焦在以下四个方面。一是小学道德与法治教师队伍的现状调查研究。在这方面的研究中，学者们主要以区域为单位进行调查研究，总结存在的问题并探寻解决问题的路径。比如，有学者通过调查研究发现，小学道德与法治教师队伍建设存在着重视程度不够、大量教师兼职、缺少培训机会、培训经费欠缺、教研制度不完善等问题[①]。二是小学道德与法治教师的专业素养研究。如前所述，小学道德与法治是一门综合课程，涉及内容广泛，对教师的要求高，因此小学道德与法治教师的专业素养也与其他学科教师有所不同。比如，有学者从儿童成长的主体关系划分[②]、课程主要素材的内

① 陈燕浩.小学道德与法治教师队伍的现状及改进研究：基于C市教师调查数据的分析［J］. 教育参考，2021（1）：108-112.

② 于月颖，刘程程，郭威，等.小学道德与法治教师学科本体性知识的整体架构：基于儿童成长的主体关系划分［J］. 中小学德育，2021（4）：5-10.

容分析[①]角度探讨了小学道德与法治教师的学科本体性知识。三是小学道德与法治教师队伍建设的区域经验介绍。有些地区在小学道德与法治教师队伍建设方面采取了一些极具区域特色的做法，取得了良好效果，介绍这些具体做法也是以往研究的一部分。比如，杭州西湖区依托项目制工作室提升小学道德与法治教师的课程胜任力[②]，江苏省太仓市构建了“科研引领、教研支撑、培训融合、技术保障”四位一体教师研训模式，促进小学道德与法治教师的专业发展[③]。还有研究通过教研赋能小学道德与法治教师专业素养的提升，系统构建了“三段六步”的I–E–O教研模式[④]。四是小学道德与法治教师专业发展研究。有学者分析了教研参与对小学道德与法治教师专业发展的影响[⑤]，有学者以苏格拉底道德教育实践的道义动机为参照，分析了小学道德与法治教师的道义动机及其建构[⑥]，也有学者通过对骨干教师的访谈探讨了小学道德与法治教师的专业发展动机[⑦]，还有学者比较了小学道德与法治新

① 郭靖华，周娜，孔德阳，等.小学道德与法治教师学科本体性知识研究：基于课程主要素材的内容分析［J］. 中小学德育，2021（4）：11–15，21.

② 吴欢巧，俞晓梅.项目制工作室：提升小学道德与法治教师课程胜任力的实践探索［J］. 教书育人，2021（14）：39–41.

③ 胡莉英. “教科研训一体化”服务思政教师专业发展：以太仓市小学道德与法治教师队伍建设为例［J］. 中学政治教学参考，2021（3）：89–90.

④ 罗嫣才.教研赋能：小学思政课教师专业素养提升的区域行动［J］. 福建教育，2022（9）：9–13.

⑤ 罗嫣才.教研参与对小学道德与法治教师专业发展的影响研究［J］. 课程・教材・教法，2020，40（5）：93–98.

⑥ 唐燕.为什么从事德育？——论小学道德与法治课教师的道义动机及其建构［J］. 中国教育学刊，2020（6）：8–12.

⑦ 罗嫣才，蔡檬檬.我为什么选择小学道德与法治学科？——基于18名骨干教师专业发展动机访谈数据的质性分析［J］. 中国教育学刊，2021（7）：90–95.

手教师和熟手教师开展对话教学的差异①。

上述成果为本书奠定了良好的基础，但也存在一些不足。一是以往研究注重从整体层面观照教师队伍建设，相对忽视个体层面教师的生存与发展。二是尽管有研究关注个体层面教师的专业发展，但研究内容还需进一步拓展，特别是对优秀教师成长经历的研究比较欠缺。事实上，笔者在走访和调研时发现，在小学里活跃着一群热爱道德与法治的教师，他们几年、十几年甚至几十年如一日地坚守在道德与法治教学一线，他们也有过迷茫、有过困顿，甚至有过抵触和排斥，但最终都坚持下来并取得了不俗的成就。深入挖掘这些优秀小学道德与法治教师的专业成长经验，提炼其专业成长的路径，有助于加强小学道德与法治教师队伍建设，真正将小学道德与法治课程的立德树人作用落到实处。

① 石雨晨，曹曙.新手和熟手教师开展对话教学的比较：基于小学道德与法治课堂的干预研究［J］. 西北师大学报（社会科学版），2023，60（6）：52-60.

第三节 研究设计

一、研究对象的选择

本研究的对象是“优秀小学道德与法治教师”，如何界定“优秀”是关键问题。在以往关于“卓越教师”的研究中，有的提及“卓越教师”是“从教年限15年以上……且获得过市级以上表彰”的教师①，有的将“卓越教师”理解为“骨干教师、教学名师、学科带头人和特级教师等师资人才”②。本研究借鉴以往研究中关于“卓越教师”的定义，在研究对象的选择上主要考虑三点：一是长期从事小学道德与法治教学；二是在小学道德与法治教学方面取得了比较突出的成绩，具有区域影响力；三是具有代表性，因为小学道德与法治教师兼职比例较高，研究对象应尽可能包括所有小学

---

① 王伟，唐文静．乡村教师何以坚守且卓越：基于四位乡村卓越教师的叙事分析［J］．教师教育研究，2023，35（2）：69–76.

② 周明星，荆婷．乡村小学卓越教师特质及其影响因素：基于湖南省43所乡村小学的调查［J］．教育研究与实验，2018（4）：62–69.

道德与法治教师。基于此，本研究以获得省教学名师、省特级教师、市（区）学科带头人或教学能手等荣誉称号的一线教师为研究对象，通过“滚雪球”的方式先后选取合适的研究对象进行访谈，直至数据饱和。最终确定了28位优秀小学道德与法治教师为研究对象（见表1–1）。在这些研究对象中，任教时间最长的是28年，最短的是6年。此外，这28位研究对象中既有专职教师也有兼职教师，其中，兼职教师包括兼任语文教师、班主任、学校中层干部、学校校长等，基本涵盖了所有道德与法治教师类型。

表 1–1　研究对象基本信息

编码	从事学科教学时间	兼任	备注（部分获奖情况）
J1	13 年	教导处副主任	区教学能手、省优质课一等奖
J2	14 年	大队辅导员	省思政课教学比赛小学组特等奖、市优质课一等奖
J3	12 年	德育主任	市优质课二等奖、区优质课一等奖
J4	7 年	教导处副主任	市教学能手、省优质课一等奖、省思政金课一等奖
J5	16 年	德育主任	区兼职教研员、区教学能手
J6	23 年	教导处主任	省特级教师、省教学能手
J7	13 年	副校长	省一师一优课优课、区学科带头人
J8	22 年	班主任	省优秀课例展评一等奖、区教学能手
J9	28 年	综合实践活动	市思政课教学比赛小学组一等奖、区教学能手、学科带头人
J10	27 年	无	省优质课比赛一等奖、市学科带头人

续表

编码	从事学科教学时间	兼职	备注（部分获奖情况）
J11	19 年	德育主任	省一师一优课优课、区教学能手、区优秀思政课教师
J12	6 年	副校长	区公开课一等奖、区一师一优课二等奖
J13	12 年	语文教师	市评优课一等奖
J14	11 年	班主任、语文教师	区教学能手、市一师一优课一等奖
J15	13 年	教科研工作	市优质课一等奖、区优质课一等奖
J16	18 年	无	区教学能手、省一师一优课优课、市优质课一等奖
J17	12 年	班主任、语文教师	省一师一优课优课、市思政课教学比赛小学组一等奖、区优质课一等奖
J18	15 年	数学教师、校长	省特级教师、市教学能手、市学科带头人
J19	6 年	教学处主任	省级优秀教师、省级优秀辅导员、省级优秀思政课教师
J20	26 年	主任	省级名师、省教学能手、省思政课教学比赛特等奖
J21	20 年	教学管理中心主任	省级名师、省教学能手、市特级教师
J22	27 年	无	省优秀思政课教师、市教学能手
J23	28 年	语文教师	省级名师、市教学能手、市优秀教师
J24	25 年	副校长	省优秀思政课教师、市教学能手、市学科带头人
J25	17 年	科学教师	市教学能手、市学科带头人
J26	22 年	语文教师	省级名师、省优秀思政课教师、省优秀教师
J27	22 年	副校长	省级名师
J28	24 年	无	省级名师、省优秀思政课教师、市特级教师

二、研究资料的收集

本研究主要采用半结构式访谈的方法收集研究资料，在访谈之前设计好访谈提纲，在访谈过程中根据访谈对象的回答适时调整访谈思路。主要涉及的访谈问题有：

1. 您是如何成为思政课教师的？请讲一讲您的成长历程。

2. 在您的成长过程中，您对学科、课堂教学、教材使用有哪些认识上的变化？

3. 在您的成长过程中，您遇到过哪些困难，是如何解决的？

4. 促进您持续进步的因素有哪些？

5. 目前小学思政课教师在专业发展方面存在哪些问题，原因是什么，应该如何解决？

6. 您对小学思政课教师专业成长还有哪些建议？

由于研究对象来自不同地区，受研究时间、精力以及经费的限制，无法进行面对面访谈，主要通过微信语音通话结合一对多和一对一的形式进行访谈。在访谈开始前征求研究对象同意后进行录音，在访谈结束后将录音转换为文字，转换后的文字稿共计 339810 字。

三、研究资料的分析

在资料分析方面，本研究采用质性研究资料分析的方法，按照“阅读原始资料—登录—寻找‘本土概念’—建立编码和归档”[①]的程序进行分析。在资料分析过程中，按照“一级编码（开放式登录）—二级编码（关联式登录）—三级编码（核心式登录）”[②]的形式进行归纳并表现主题。

具体来说，本研究在研究资料的分析中采用“类属分析”的方式。“‘类属分析’指的是在资料中寻找反复出现的现象以及可以解释这些现象的重要概念的一个过程。在这个过程中，具有相同属性的资料被归入同一类别，并且以一定的概念命名。”[③]

首先，通过阅读所有研究资料，找到研究对象使用的关键词语并记录，举例来说，如“抵触”“迷茫”“不入门”“着迷”“学科魅力”“强大的后盾”“有意思”“整合”“认同”“享受”“成就感”“抓住机会”“成长意愿”“照本宣科”“喜欢”“坚持”“学生成长”“环境”“认真负责”“自然的接受”“双向奔赴”“幸福感”“责任心”“优秀的平台”“韧劲”“氛围”“活动化”“情境”“标配”“讲故事”“说道理”“逻辑性”“体验感受”“热情”“打了鸡血似的”“做孩子生命中的贵人”“孩

---

① 陈向明.质的研究方法与社会科学研究［M］. 北京：教育科学出版社，2000：277.

② 陈向明.质的研究方法与社会科学研究［M］. 北京：教育科学出版社，2000：332–334.

③ 陈向明.质的研究方法与社会科学研究［M］. 北京：教育科学出版社，2000：290.

子的反馈”“标配”“唱高调”“高大上”“走火入魔”“孩子们眼睛里闪烁的那种光彩和光芒”“这门课成就了我作为一个老师的简单的快乐”……

其次，通过对这些关键词语的分析来寻找同类关键词语，并进行命名。如“唱高调”“高大上”表示道德与法治教师（特别是兼职教师）在任教之前对课程的误解（命名为“易误解”）。“抓住机会”“成长意愿”“坚持”代表道德与法治教师的专业坚守（命名为“长期坚守、引领示范”），“韧劲”“热情”“打了鸡血似的”代表道德与法治教师的工作热情（命名为“充满激情、专注成长”），“做孩子生命中的贵人”则代表道德与法治教师对学生的关爱、为学生的长远发展负责（命名为“关心关爱学生”）……以此类推，形成了包含“认同所教学科”“关心关爱学生”“淡泊名利、执着专业”“充满激情、专注成长”“长期坚守、引领示范”等概念。

然后，再次对上述命名的概念进行归纳，如“认同所教学科”“关心关爱学生”可以归纳为“乐教爱生的教育情怀”，“淡泊名利、执着专业”“充满激情、专注成长”“长期坚守、引领示范”可以归纳为“超凡脱俗的志业精神”等类属。在此基础上继续进行归纳，得出“优秀道德与法治教师的学科认同”“优秀道德与法治教师的主要特征”“优秀道德与法治教师的成长阶段”“优秀道德与法治教师的成长动力”四个核心类属。

通过对这四个类属进行分析发现，它们实际上是围绕

“优秀”和“成长”展开的，最终概括为“何以优秀”“如何成长”两个核心类属。下面以“优秀思政课教师的主要特征”形成过程为例进行分析（见表 1–2）。

表 1–2 “优秀道德与法治教师的主要特征”编码过程

访谈材料语句	一级编码	二级编码	三级编码
我对自己的定位就是，我是一位道德与法治教师，兼任语文教学工作，不管别人怎么问我，我都说我的主教学科是道德与法治。	认同所教学科	乐教爱生的教育情怀	优秀道德与法治教师的主要特征
我要做孩子生命中的贵人。	关心关爱学生		
我现在的感觉就是，我的备课重点从单纯准备一堂课转变为设定一个育人目标，不再是为了备课而备课。我还会思考教材编写者为什么要来编这一课？编这一课的出发点是什么？是否只是我们看到的教材表面上的这些内容，有没有一些需要我们深挖的学生思维的转换点、情感点，甚至在现实生活中的一些矛盾冲突点，这才是我们这一堂课当中最需要让孩子们深切感受的。	拥有专家思维	精益求精的专业追求	
在准备这堂课时，我觉得意义就变了，我原来想的（其实可能老师们都有这样的想法）是我怎样把这堂课上出亮点来，上出花样来，而不是先明确这堂课的目标定位，在明确了目标定位的基础上，再选择运用什么样的策略来上课。	坚持目标导向		
现在在研究课的时候，我们不再仅仅关注花样或者表象，而是挖掘一些现实生活中的真实问题，通过解决这些问题来促进孩子道德观念的转变。	立足学生生活		
怎样让孩子去自然地接受，不是通过给予，也不是通过说教，而是让他内心对这个事情产生触动并激发思考，我觉得这是我在课堂上想要追求的目标。	注重课堂生成		

续表

访谈材料语句	一级编码	二级编码	三级编码
我们把思政课带进了书博会，在书博会里给孩子们讲思政。其中有一节关于农业发展的课，我们带着孩子们去现代农业科技园里上课，还有古代科技、古代科学这一课，我们带着孩子们去中医博物馆上课。	拓展教学空间	精益求精的专业追求	优秀道德与法治教师的主要特征
有很多人可能会很功利地考虑，讲课拿证对晋升职称有没有用，或者参加这个活动在未来学校的考核量化中有没有用，我没这个想法，我认为，只要有活动，就应该参加。	淡泊名利、执着专业	超凡脱俗的志业精神	
他们邀请我们去给老师们做培训，他们说，你总是像打了鸡血一样，不管是20岁、30岁还是40岁，感觉你总是热情满满。	充满激情、专注成长		
有时候我可能会沉寂一两年，在这一两年，我不讲课，但并未停止学习。我可能在通过阅读提升自己，参加比赛积累经验，抑或在做课题研究，有时跟着别人做，有时自己做，无论是哪种方式，我都感觉自己始终在路上，这些年从未停歇。	长期坚守、引领示范		
我这个人可能比较较真，对一些自己使用的材料要求比较高。	认真	勇于拼搏的个性特征	
白天把所有在学校里该做的事情全部做完，晚上回家吃完饭之后，就像这个时候，先把孩子安顿好，然后就开始静下心来备课。所有的思考和成长的时间都在夜晚，那几年都是这么拼出来的。实际上，所有优秀的老师真正能静下心来思考的时间，永远不是在白天的常态工作当中，而是在回家以后或者节假日的时间里，就是这样克服困难，一步步走过来的。	勤奋		

续表

访谈材料语句	一级编码	二级编码	三级编码
我比较要强，这是由性格决定的，一旦决定做某件事，我就一定要做好，别人都说我有强迫症，因为我总是力求把事情做到尽善尽美，做到最好，我觉得这也是性格的一种体现，其实这样很累，但无论如何也改不了。	要强	勇于拼搏的个性特征	优秀道德与法治教师的主要特征
拿我自身的优势来讲，引用教研员和指导老师的话就是我比较机灵，接纳新知识、新事物的速度相对较快，而且我能够注意到孩子们的特点和需求。	悟性		

续表

第二章

走向优秀：优秀小学道德与法治教师的学科认同

对小学教师而言，学科认同是指他们从内心深处将自己视为该学科的教师并真正喜欢这门学科的教学工作。在语文、数学等以专职教师为主的学科中，教师的学科认同是自然形成的。然而，小学道德与法治科目的教师多为兼职，这就关乎教师对任教学科的态度问题。对任教学科的认同，是小学教师走向优秀的重要一步。

第一节　走近学科：如何成为小学道德与法治教师

和语文、数学、英语等学科教师不同，小学道德与法治教师少有与之对口的职前教育专业，而且各地在教师招聘时也较少招录小学道德与法治教师，因此，不同教师走向小学道德与法治教学之路的原因也有所差异。

一、便利性：为了“工作”

由于小学里少有专职教师，道德与法治课多由其他工作人员或任教其他学科的教师兼任。如此一来，小学道德与法治教师就和其他教师形成了一些“固定搭配”，比如由大队辅导员、德育主任、教导主任、德育副校长、班主任、语文教师兼任道德与法治教师。

一种情况是由学校中层干部，如德育副校长兼任道德与法治教师。学校这样安排是出于工作的便利性，宜于德育工作的开展。德育副校长、德育主任、教导主任、大队辅导员都是学校主要的德育工作者，负责学校德育活动的组织和开展工作，往往具备比较强的领导能力、活动组织能力以及亲和力，这些活动和道德与法治课息息相关，这样的工作安排有助于将道德与法治课堂教学与学校德育活动整合起来。“那个时候，担任大队辅导员的人好像都是教品德课的，有点标配的感觉。”（J9）

另一种情况是由班主任、语文教师兼任道德与法治教师。在学校中直接从事德育工作的领导干部毕竟是少数，更多的道德与法治教师是由班主任、语文教师兼任的。班主任负责班级日常工作，定期召开班会，解决发生在班级内的纪律问题、卫生问题、同学关系问题等，这些都和道德与法治紧密相连。“道德与法治课可以和班会课融合在一起，例如，你在班主任工作中发现了孩子现实生活中的问题，然后把这些案例带到道德与法治课上讲给孩子们听，引导孩子们形成良好的习惯、品德、行为。”（J2）“对班主任来说，教道德与法治有得天独厚的优势，因为班主任更能走近学生，在一定的情况下，对学情了解把握得更到位一些，而且也更轻松一些。在设计课程时，就可以融入大量真实、贴近生活的元素，并在课堂上呈现出来，在教育孩子过程中，班主任可以结合其工作经验，实现从 1 到 2、3 甚至更多方面的延伸……班主任工作是一份特别能走近学生，走进他们心灵的工作，我认为这对道德与法治教学有着特别深远的影响。”（J8）语文和道德与法治都属于人文学科，在学科性质上有着较多的相似性，此外，语文教师的教学风格与教学特点也成为其兼任道德与法治教师的一大优势。“相对而言，语文老师在语言表达和组织方面有一定优势，在对孩子进行道德教育时，这些优势可以帮助他以更生动的方式循循善诱地引导孩子，这样可以使整个教学过程更具艺术性，更易于被孩子们接受。”（J8）因此，班主任、语文教师兼任道德与法治课成为常态。“学校习惯让语文老师和班主任来教授这门课，因为它具有说理性，与孩子们生活习惯的培养和品德的培育联系比较紧密。”（J8）“学校要求我们做班主任、教语文的老师坚持教这门课程。”（J16）

二、功利性：由于“实用”

在小学里，年轻教师面临着工作量考核及职称晋升的压力，达到工作量考核要求和实现职称晋升就成为部分老师选择任教道德与法治课的理由。

一种情况是为了职称晋升走捷径。在各种公开课、优质课评比中取得成绩是小学教师职称晋升的必要条件。由于语文、数学、英语等学科教师比较多，专业性比较强，优秀教师也比较多，可谓“人才济济、高手如云”。因此，年轻教师要想在这些“高手”中突出重围是比较困难的。而由于道德与法治课兼职教师较多，并且少有“科班”出身的教师，在这个学科上做出成绩相对比较容易，这反而成为道德与法治课的一种“优势”。出于这一考虑，从事道德与法治教学成为部分年轻教师另辟蹊径、寻求新突破口的一种做法。“当时主要是因为语文、数学属于大学科，在这方面人才比较多，要在这些学科上有所发展、有所成长，或者说有所成就，相对来说是比较困难的。”（J4）这种做法带有功利倾向性，选择这种方法教授道德与法治课的教师往往在其他学科上尚未取得一定成绩，他们力图通过道德与法治课来实现获奖、职称晋升等目的。

另一种情况是为了达到考核要求凑工作量。“我当时是教数学的，因为有课时量的要求，而数学老师通常不担任班主任，所以需要额外教授一些其他课程，包括道德与法治课。所以我开始接触这门学科，但还是以教数学为主，兼带着几节道德与法治课。”（J21）

三、随意性：源于“偶然”

无论是为了学校工作的便利还是出于功利的考虑，这些教师选择道德与法治课都带有明显的目的性。而有的教师从事道德与法治课教学纯粹源于偶然因素，是误打误撞或者机缘巧合。有的教师是因为偶然的机会了解了道德与法治课而喜欢上这门课，有教研员曾经提到：“我们有一位老师，她是研究生毕业到了小学教语文的。有一次，区里开展教研活动，正好学校负责这个学科的老师有事无法参加，便临时让她代替。她参加了这次教研活动后，回来就跟学校领导说要教这个学科，因为她了解之后爱上了这个学科。”

也有教师是因为工作中的意外事件而被安排教授这门课：“说起来挺有意思的，一般来讲是没有年轻教师去专门从事这个学科教学的，基本都是兼任，要么就是年龄比较大的老师在教。但是我到那个学校的时间比较晚，接近开学，在岗位分配时没有其他岗了，然后那一年就成了专职的小学社会课老师（当时这门课还叫作社会课）。”（J6）

四、关系性：因为“熟人”

在学校工作中，教师常常受到领导、同事、学科专家的带动和引领。这些“熟人”作为“重要他人”，对教师选择道德与法治学科有着深远的影响。

一方面源于“领导”的推荐。学校领导长期在教学一线工作，具有丰富的教学经验，因此有一双“慧眼”，能够根据不同教师的工作经历、性格特点、教学风格推荐适合他们的岗位。“当时是我们学校的一位副校长，他认为我担任大队辅导员时，在组织学生活动和个人主持活动方面表现出色，特别是在与孩子们的互动时展现了德育工作的优势，他就引导我转向道德与法治学科。”（J1）

另一方面源于“专家”的吸引。除被推荐外，还有教师出于对学科专家专业水平的认可，从内心向往跟随专家学习进步。因此，主动地跟随学科专家学习如何上好道德与法治课也成为一种选择。“我和教研员关系较好，我非常尊重他，所以我愿意向他靠拢。”“我们校长是这方面的专家，所以我就选择了这门学科，跟着他学习成长。”（J4）

这些领导和专家不仅在教师进入道德与法治教学领域发挥着重要作用，而且在促进道德与法治教师的专业发展中也起着举足轻重、不可替代的作用。

五、正当性：出于“专业”

在一线教师中，有极少数教师是相关专业出身（如法学、少儿思想教育等），而且担任专职教师。“我当时学的专业是少儿思想教育，毕业后直接被分配到学校担任大队辅导员，我一参加工作就是这种身份。我经历了三个不同阶段的学科名称变化，最初叫思想品德，后来更名为品德与生活、品德与社会，直到现在的道德与法治，自然而然地，作为那个时代的少先队辅导员和思想品德课教师，我就这么顺理成章地教了这门学科。”（J24）“我是学法律专业的，从一开始进入学校就担任了小学品德与生活、品德与社会学科的老师。”（J25）

在访谈对象中，由大队辅导员、德育主任、班主任和语文老师兼任思政课教师的比例是最高的，这在一定程度上反映了小学道德与法治教师的现实样态。当然，这些兼职教师有着显著的优势，有研究指出，班主任兼任思政课教师对促进学生的品德成长、提升德育效果有明显成效，比如，班主任比较注重家校沟通并且可以很好地把握学情，能够较为灵活地将班级生活作为教学资源，全方位评价思政课教学效果，整合思政课与班会课[①]。

① 晏敏，徐爱杰.小学班主任兼任品德课教师的利弊及改进建议［J］. 教学与管理，2021（17）：18-20.

第二节 走进学科：对学科认识的转变是形成学科认同的关键

从对优秀教师的访谈中可以看出，不少教师对道德与法治课的态度发生了巨大的转变，这一转变是由对道德与法治课认识的变化引起的。

一、因不了解而抵触

一是不熟悉。因为小学道德与法治教师多由语文教师、班主任等兼任，他们比较熟悉自己任教的主学科，对道德与法治课的课程性质、课程目标、课程内容、教学方式等并不熟悉。加之小学教师的日常工作任务较多，他们将主要的时间和精力用于主教学科，而不研究道德与法治课。教师更喜欢任教自己喜欢的学科，不愿意接触陌生的学科，这是人之常情。

二是易误解。由于不熟悉，教师对思政课的认识仅停留在经验层面。2001 年新课改以前的思政课因成人化、理想化、去生活化而备受诟病。新课改以来，生活化成为小学品德课的指导理念，贴近儿童生活实际、解决儿童生活中的问题是小学品德课的特点。但是，很多教师不了解这一变化，仍然想当然地认为小学品德课“唱高调”（J1）“高大上”（J12）“挺简单的”（J3、J14）“讲道理”（J5）。除此之外，也有教师认为，小学道德与法治课不能给学生带来真正的变化，感受不到学生的成长和进步。“我一开始确实特别抵触，我一直很喜欢研究语文，通过某个词、某个句子或某种方法，我能让学生在课堂上有所收获。这样的收获是很实际的、是能看得到的。我觉得道德与法治这门课花里胡哨的，不像语文、数学和英语那样扎扎实实地传授知识。”（J1）

三是小学科。长期以来，由于语文、数学、英语被视为主学科，在学校里只有从事这些主学科的教学工作才有尊严和地位。相反，从事思政课这样的小学科教学工作则会受到歧视。“我的期望是教语文，但被安排去教这样一个小学科，这让我感到非常失望。为什么会这样呢？还是觉得它是一个小学科，它的地位或者说在学校中通过自己的努力无法获得认同。”（J6）“可能在我的意识中，它并没有那么重要，至少不如语文那样重要，甚至在心里把它看作一个小学科，觉得它不像语文那样有研究价值，这是我当时的认识。”（J1）

这一系列原因使教师在任教道德与法治课之初产生应付、排斥、抗拒、抵触的情绪，正如访谈中教师提到的，“不接受，肯定不接受”（J6）“没有把它当作一个很重要的学科去教，照本宣科更多一些”（J8）“好像这门课是用来凑数的”（J9）“我当时真的感到很迷茫，觉得自己不会教，也不想教，完全是被迫的，然后跟着大家去参加了一些研究活动”（J1）。

二、因学科魅力而热爱

随着任教时间的推移，教师逐渐意识到小学道德与法治课并非如当初所认识的那样，而是富有魅力的，因此对其产生了热爱。

一是不简单。一方面，上好道德与法治课需要狠下功夫。小学道德与法治课是一门综合课程，涉及的知识面非常广，因此对教师的要求比较高。“要想讲好这门课，我必须在前期付出很多努力，去查很多很多的资料。”（J9）“你能教好语文不一定能教好品德与生活、品德与社会，你能教好数学，真不见得能教好这门课。但是你教好了这门课，教起语文课来是没有问题的。”（J5）“因为这门学科是一门综合性的学科，可以驾驭语文课堂的老师，不见得能驾驭道德与法治的课堂，它对老师的要求其实很高。教授一节语文课，至少有课本作为依托，即使上得不够精彩，也能达到中等水平。但是道德与法治课则不同，如果你没有下足够的功夫，如果你对这门学科的认知比较肤浅，那么课程就难以进行。”（J6）“作为一名道德与法治教师，真正接触了这一专业领域后，我逐渐认识到这门学科远比其他专业更具挑战性，面临的压力也更大。因为它要求我们不断学习新理论来拓展自己的知识面，我们不仅要关注教育领域的新动态，而且要关心时事政治。”（J13）“其实做一名道德与法治教师要比做辅导员难很多……当我真正落实到道德与法治课堂上时，我发现它和活动不一样，活动需要仪式感，在那种场域、那种仪式下，就很容易触动学生……道德与法治是思想教育，它有自己的学科特色。”（J19）“想要上好一节课，老师不仅要具备丰富的知识，还需要大量的资源支持，我们平时都说海淘资料，因为我们的很多知识并不总是非常的专业，我们备好一节课，需要花费大量时间从网上搜集资料，然后进行筛选和剪辑，所以大家最后都变成了电脑高手。”（J25）

另一方面，道德与法治课没有固定的模式可循。语文、数学、英语等学科由于研究时间长，形成了相对固定的教学模式。小学道德与法治课与学生的生活联系紧密，课堂教学灵活多样，难以形成固定的模式。“语文的教学还是有一定套路的，根据套路来教学，自己会有一个很明显的提高和一个很准确的把握。而道德与法治学科没有这个套路可言，因为它源于孩子的生活，旨在指导孩子的生活。虽然看似简单，但是怎么指导孩子的生活，怎么样把这个道理说给孩子听，能够说到他们的心里去。要想指导孩子的生活，必须采用一种方法，而道理不同、事件不同，采用的方法也是千变万化的。所以说很有挑战性。”（J11）“原来教语文的时候，这个题或者这个字在哪一课的后边，课后题第一次出现是在哪一册书的哪一课，等等，都是成体系的，但是后来我教小学道德与法治课的时候，我就突然觉得没有这个体系，我要不断地去搭建这个体系，不断地去补充，不断地去让这个体系更完善。”（J19）“道德与法治和语文教学不一样，语文教学有一定的知识性，包括认字、读词、联系上下文，有一个知识技能的抓手，但是道德与法治是思想教育……它有自己的学科特色。”（J19）

“作为一名道德与法治教师，真正深入接触了该领域之后，我更认识到它其实远比其他专业教师更具挑战性，面临的压力更大。因为它要求我们不断学习，你要时刻关注教育领域的新动态、新理论，用来拓展自己的知识面，而且还要时刻关心时事政治。你要把社会大课堂与咱们的小课堂有机结合起来。作为其他学科的老师，你有吃老本的底气，但是作为一名道德与法治教师，你根本没有这方面的底气，你必须与时俱进，必须做一个终身学习者。”（J23）

二是很实用。新课改以来的小学品德课密切联系学生的学校生活、家庭生活、社会生活，着手处理学生在生活中遇到的各种成长困惑，这恰好与班主任的工作相得益彰。在学校的日常工作中，班主任多兼任道德与法治课教师，道德与法治课对班主任协调处理班级内部问题起到了积极作用，具有实际应用价值。“品德课开展好了，能够有效弥补我们班级管理中的一些缺失。”（J18）“有些时候教学内容刚好是我们班级发生的一些事情，然后我就可以结合学生的生活和发生的事情进行教学。我想，坚持这门课程最大的好处就是让我有更多的时间把学生在学校里发生的事情，更深入地结合我们的教学内容进行解决，让孩子们明白自己在这件事情中对

在哪里、错在哪里。”（J16）

三是很重要。随着对道德与法治课了解程度的加深，教师逐渐意识到道德与法治课对学生终身发展的重要性，它的作用体现在指导学生更好地生活，塑造学生完善的人格，帮助学生扣好人生的第一粒扣子。“我真的觉得像语数英这样的课对学生知识性的影响，在其长大后回忆起来未必深刻，但是道德与法治学科对孩子们言行的影响，尤其是行为以及思想的影响是终生的。”（J1）

基于上述对思政课认识的转变，教师对学科的态度也发生了变化，他们发现了课程的魅力，甚至痴迷于课程研究。正如他们在访谈中谈道：“那次研究完课程之后，我就发现这一课程挺有意思，它非常有趣，孩子们也喜欢上……我认为它和语文学科不同的是，它会引起孩子们更大的兴趣，而且孩子们上这样的课程完全没有负担，他们在课上会跟你轻松地交流，那种课堂氛围让我感觉非常舒服。”（J8）“随着接触这一学科越来越深，就会觉得这个学科研究起来特别有意思，觉得当时选这条路特别对。”（J4）“在磨课的过程中，稿子可能改了差不多20多次，就是天天改、天天改，自己好像有点着迷的那种感觉，也不能说‘走火入魔’吧，反正就是觉得很有意思，我总是在思考以一种什么样的形式讲课让学生更容易接受，更贴近学生的生活，让学生能够真正有所思、所感、所悟。”（J1）

第三章

成为优秀：优秀小学道德与法治教师的主要特征

道德与法治课程具有政治性、思想性、综合性、实践性[①]，课程的政治性回答了“为谁培养人、培养什么样的人”的问题，意味着课程要坚持马克思主义，引导学生热爱伟大祖国，拥护中国共产党的领导，坚持走中国特色社会主义道路。小学道德与法治课程的根本目标在于铸“魂”育人，铸“魂”的关键是“德”，“德”表现在个人品德上是做一个好人，在公德上是做一个好公民，在国家和民族大德上是做社会主义建设者和接班人[②]。小学道德与法治课程的思想性与政治性一脉相承，即以先进的理论作为课程的指导思想。课程的综合性体现在三个方面。一是内容的综合。从社会发展的角度来看，道德与法治课程体现社会发展对课程内容的要求，课程以道德教育和法治教育为基础。从学生生活的角度来看，小学道德与法治课程延续了2001年版《品德与生活》《品德与社会》课程的“生活性”特点，关注学生的现实生活，坚持问题导向，着力解决学生在成长过程中面临的

① 中华人民共和国教育部.义务教育道德与法治课程标准（2022年版）[S].北京：北京师范大学出版社，2022：1.

② 冯建军.义务教育道德与法治课程理念[J].课程·教材·教法，2022，42（6）：20–28.

困惑与难题，增强学生对道德问题的认识力、理解力、判断力。二是关系的整合。道德与法治课程以学生为中心，围绕学生生活空间的拓展，将学生的家庭生活、学校生活、社会生活有机整合在一起，实现了空间的联结。在此基础上，加强了道德与法治课程同学生与自我、学生与他人、学生与社会等方面的关系，实现了关系的整合。三是方式的一体。道德与法治课程从学生的生活经验出发，融合知识的学习、情感态度价值观的培养与技能的提升，从不同的角度增强学生对问题的认识和理解能力，促进学生各方面素质和能力的提升。课程的实践性是指课程的学习不仅是认知的学习，更是情感体验和行为养成，是一个在“做中学”、知行合一的过程。实践性一方面体现在道德与法治课程基于学生的生活经验寻找问题、发现问题、解决问题，从而提升学生的综合素质。另一方面体现在“做中学”，即关注学生的动手操作能力、实践探究能力、问题解决能力，注重学生在面临真实的情境时的行为表现。道德与法治课程的实践性要求课程引导学生实现“认知—情感—行为”的转化，通过认知学习生成道德情感，最终养成良好的行为习惯。

课程性质的差异决定了小学道德与法治教师既有与其他学科教师相同的特征，也有区别于其他学科教师的显著特征。

第一节 乐教爱生的教育情怀

教育情怀是教师发自内心的对教书育人的真诚、敬畏、责任和爱，是教师对教书育人信念的坚守、对教育理想追求的坚持，是教师在精神领域里对教育的生命意义和育人职业崇高的追求①。教育情怀不仅反映了教师对职业的热爱、对学科的认同、对学生的喜爱，也在深层次反映了教师对教育事业的责任感和使命感。在访谈过程中有教师谈道："我非常喜欢我的职业。"（J19）"我觉得我是一名老师，我有责任和义务把我的课上好，对得起我的学生，让孩子们在原有基础上提升一点点，再提升一点点。"（J20）"我就特别享受带班的过程，和孩子们一起搞活动，一起学习和交流。"（J19）这些都体现了教师深厚的教育情怀。

一、认同所教学科

如前所述，随着对学科研究的深入，教师越发认识到学科的重要性，进而认同甚至热爱这一学科。

一是认同学科的重要性。小学道德与法治学科具有独特的魅力，它不仅培养学生的道德认知，更关注学生的道德行

① 韩延伦，刘若谷.教育情怀：教师德性自觉与职业坚守［J］. 教育研究，2018，39（5）：83-92.

为；不仅培养学生的良好行为习惯，还注重引导学生树立正确的价值观，意在为学生扣好人生第一粒扣子。“道德与法治学科，如果教得好，真的会影响孩子的一生。”（J1）“我认为这门课程是特别有意义的，我越来越喜欢在这门课程上下功夫，或者是与更多的老师分享。”（J8）“当我在课堂上和孩子们交流碰撞时，我找到了一种感觉，觉得这门学科散发着独特的魅力，它不仅能够让孩子学到知识，而且能够让孩子发散思维，让孩子去探究人性，以及更深层次的东西，这个时候我会非常兴奋，很有成就感。所以，我越来越喜欢这门学科，我觉得这门学科绝不是简单地看图说话，也不是简单地讲故事说道理，更不是带着孩子做游戏，而是启发孩子哲学思想、辨证唯物主义思想的一个特别好的路径。”（J21）

“我觉得这门课有深度、有广度、有高度。原来的教材中《天堑变通途》这一节课，是讲交通的发展，围绕着生活的变化、交通的变化，让孩子体会祖国交通的发展历程。现在的教材改为《四通八达的交通》，它不仅讲了过去的交通状况，还列举了我国现在交通发展的一些情况。跟原来教材相同的地方是均从祖孙三代的视角看交通的发展。但是现在的教材结合了一些国家的理念，比如‘要想富先修路’。在学生层面，原来更多的是让学生结合自己的生活体验进行思考，比如吃穿住行与交通发展，交通更方便了，能去的地方更多了，能够更好地满足需求了，但是现在上升到了国家理念的层面，交通的发展给家乡带来了什么样的变化，给家乡的经济、祖国的经济带来了什么样的变化。我觉得这提升了学生思想的高度和广度，原来仅是对比，谈得比较浅显，现在是让孩子结合自己的生活体验、出行的体验来思考。还有就是在生活当中怎样看待传统的交通方式，让孩子们不仅了解现在，而且了解过去。课后的‘怎能忘记他’，把这门课提升到情感的高度，也就是价值观的高度，让孩子们在了解交通的过程中，在感受到交通便利的同时，也不能忘记交通岗位工作者的贡献。”（J1）

二是享受成长的过程。对教师来说，学生点滴的成长和进步是教师幸福感的源泉。教师在课堂教学过程中通过与学生的对话、交流来引导学生发散思维，激发学生求真向善，促进学生德行的成长，享受职业带来的成就感。“孩子们对我的课很期待，我也很喜欢孩子们，我不会把上课当作负担，而是把它当作一种享受，我和孩子们的交流是一种放松，所以我很珍惜和孩子们交流的机会。”（J24）“当我跟孩子交流的时候，我会把主动权交给孩子，给他们提供一个具备开放性、思辨性的课堂，这种体验和反馈折射着孩子的智慧，展现他们人性当中最善的一面。每当我和孩子们进行这样的碰撞的时候，我都会发现他们的闪光点，这让我觉得很兴奋。”（J21）

三是主动研究学科。基于学科重要性的深入认识，教师也更加关注学科，从课程理念、课程内容、课程实施方式等方面加强学习。在课程理念方面，以生活化的理念指导课堂教学。“我很喜欢这门课程，从来不应付了事，我还会一如既往地上下去。我还要用儿童的眼光、用生活化的理念把这门道德与法治课上好。”（J2）在课程实施方式方面，主动学习新课改的思想，如核心素养、大概念教学、大单元教学等，并及时将这些新的思想或理念运用到课堂教学之中。“我觉得自己是真的爱这个学科，我没有接触过其他的学科，这么多年一步步走来，教科书的更替也好，课标进阶也好，包括现在新教材增加了一些理念，以及大单元增加了一些新的内容，我都特别愿意去了解。”（J24）

二、关心关爱学生

关心关爱学生是教师最基础、最核心的素质。教师与学生的交往是一个生命与另一个生命的相遇，好的教师是学生成长的示范者、引领者，对学生的态度也最能体现一个教师是否优秀。正如访谈中一位教师提到的：“我要做孩子生命中的贵人。”（J26）

一是喜欢孩子，上好每一节课。处于小学阶段的孩子天真可爱、活泼好动，教师发自内心的对学生的喜爱会表现在教育教学过程的方方面面，首先就是认真对待每一节课。“我坚持教一年级，有的人说我傻，说一年级的课特别累，但是我喜欢和一年级的孩子交流，我觉得他们太天真了，太可爱了。我很喜欢小孩，对我的课堂调研也说明孩子们很喜欢上我的课，我很自信，因为每一节课我都会激情澎湃地和孩子们交流，从来不会坐着上课，也不会关着门给他们放动画片，或者让他们写其他作业，我觉得他们都很期待我的课。”

（J24）教师与学生是双向奔赴，教师对学生的喜爱也会收获学生的积极反馈，学生也发自内心地喜欢教师。“我心里边装着孩子，所以孩子们也喜欢他们的道德与法治老师，我觉得在他们成长的道路上，必须给予他们爱，对他们真情流露。和孩子们的互动不能是功利性的，孩子们也不会给我发什么证书。让我骄傲的是，在操场上，他们都很愿意和我打招呼，很愿意亲近我，低年级的小孩都愿意过来抱抱我，我觉得那就是幸福。”（J24）

二是尊重学生，注重成长过程。学生是成长中的个体，这一成长过程对学生而言就是一笔重要的财富。优秀教师对学生成长的认识应由结果导向转为过程导向，注重在学习过程中学生的体验、收获与进步。“我越来越深切地感受到，对孩子而言，完成某一项或者某些工作就是一个持续发展的过程，我们要尊重他的发展。我做了一个调查问卷，采访了一下孩子们的爸爸妈妈，我觉得无论这个问卷是否完成，我都会理解并鼓励孩子，可能这个孩子有特殊情况，他没有完成也没有关系。我请完成的孩子来分享他们的感受，引导孩子关注他完成调查问卷的过程，给孩子成长的时间和空间，让他逐步发展。我觉得年轻教师和老教师对教育的理解是不一样的。最初可能觉得所谓优秀教师是使孩子达到一个标准，但是我现在觉得，实际上是让孩子向一个正确的方向发展，每个孩子都应有自己的发展方向。”（J19）

“好多年前，我接了一个一年级的班，当时班里有一个孩子，本应该6周岁入学，但那时都快8周岁了，个头也很高，但是他说话吐字不清，只要一张嘴说话，孩子们就会大笑。有一次我提问他，他站起来一开口，就惹来一阵哄堂大笑。我就跟全班的同学说，他从小是在南方长大的，他现在说的是南方的普通话，正在学我们北方的普通话，你们愿不愿意教他？一年级的孩子都很愿意教他，下了课，孩子们就主动跟他讲该怎么说话。本来这个孩子因为一直吐字不清，6周岁的时候都没敢来上学，特别自卑，像班级中的'丑小鸭'，长得那么高，但是习惯低着头趴在桌子上。后来同学们都愿意和他一起玩，这个小孩慢慢地就放开了，开始积极地举手回答问题。他的变化很大，刚入学的时候背诗谁也听不懂，慢慢地，发音清晰多了，有一次参加升旗仪式，主持人讲完话后，他说：'老师，我也好好学，长大也要当小主持人。'"（J18）

三是因材施教，关注长期发展。学生之间有着个性特征、成长环境等方面的差异，在学习、工作中可能会有不同的选择，优秀教师会依据学生的特点进行指导和帮助，启发学生选择适合自己的发展方向。"我原来当班主任的时候，跟家长们谈孩子，就说在孩子小学阶段，就要考虑他的发展方向，我们应该看得更长远，甚至我会跟家长建议，应该根据孩子的特点去规划，这个孩子将来从事什么职业可能更合适，他某个方面需要注意什么，比如心理方面、亲子方面。"（J1）"关注不同类型的学生，对品学兼优的学生当然应该关注，因为没有最好只有更好。对中等层次的学生，鼓励他们加把劲成为优秀的学生，帮他们树立信心。对一些调皮捣蛋

的学生，关注他的改进情况，关注他的优点，并放大优点。”（J18）

四是铭记于心，珍惜师生情谊。教师与学生的交往并不仅是学生求学的那几年，而是持续的，甚至是终生的。优秀教师会将每一位学生记在心里，珍惜每一次与学生的相遇。“我今天早上值勤，有位送孩子的家长和我聊天，她说她也是我的学生，说我可能不记得她了。我一下就叫出了她的名字，她特别激动。我也很激动，那时候她才6岁，现在自己的孩子都上学了。一般对学生印象最深的会是六年级老师，我想每一种记忆都是生命的互相滋养。”（J19）时隔二十多年，这位教师还清晰地记得曾经教过的学生的名字，这从深层次反映了教师真的将每一位学生都视为生命中的美好际遇，珍视与学生相处的美好时光。

第二节 精益求精的教学追求

从优秀教师的成长经历来看，不断参加各种级别的讲课比赛是教师实现专业成长最重要的路径。在访谈过程中发现，绝大多数教师都是从区、市、省经过层层选拔崭露头角的，都取得了令人瞩目的成就。而在课堂教学中凸显特色甚至形成一定的教学风格，是优秀教师的显著特征。

一、拥有专家思维

对于普通教师来说，课堂教学多依靠教材，“教教材”是一种典型的现象。这种“教教材”的方式容易导致“只见树木不见森林”，导致教师只关注某一节内容，忽视整个单元或整个学期的内容。专家思维就是从整体的、系统的角度审视道德与法治课程设计与编排，基于课程标准居高临下地判断每一节内容在整个学期、年级甚至学段的位置，从“看山是山、看水是水”到“看山不是山、看水不是水”再到“看山还是山、看水还是水”。具体来看，专家思维主要有三层含义。

一是学科育人的整体性。所谓整体性就是站在学科育人的高度，立足课程育人目标，从课程标准出发，系统审视每一节、每一单元、每一学期在整个课程教学过程中所扮演的角色、发挥的作用。“我现在的感觉就是，我从备一堂课转变为设定一个目标，一个育人的目标，而不是只为备课而备课。还会考虑教材的编写者为什么要编这样一节课，编这一课的出发点是什么，是不是我们表面上看到的这些内容，有没有一些需要我们深挖的地方，比如转换点、情感点，以及是不是可以联系到生活当中的一些矛盾，将这些挖掘出来，让孩子们深切感受。”（J1）

二是学科育人的精准性。所谓精准性就是立足课程标准，从学生核心素养出发研究课程内容的育人点，意在通过对课程标准的分解，将学科核心素养落实到课堂教学中，这有助于解决以往课堂教学中目标不具体、没依据等现实问题。“我觉得无论是教哪一个学科，首先都是要让自己明白教的是什么，要一遍一遍地解读课标，我觉得这是一个比教材的解读还重要的东西。可能年轻教师负责一门课之后，他更多地关注这门课，这一节课自己怎么备？但实际上只有对课标进行反复研读，才能知道这门课的整体定位是什么，才能回到每一节课，这是整体的核心素养培育过程中的一个小点，只有从大的框架和体系着眼，才能够更精准地落到这个点。”（J19）

三是学科育人的深刻性。所谓深刻性就是教师要引导学生深入理解课程内容在自身成长中的重要作用，不仅知其然，更要知其所以然。“我在给区里教师做培训的时候会讲，我们上好思政课要把握这三问：一是我这堂课讲的内容是什么，二是我这堂课为什么要讲这些内容，三是我怎样上好这堂课。”（J1）

二、坚持目标导向

“如果我们要制订一个教育计划并力图不断地改进它，就很有必要对想要达到的教育目标有些概念。这些目标将成为选择教学材料、勾勒教学内容、形成教学步骤以及准备测验和考试的标准。教育计划的方方面面确实都是实现基本教育目标的手段。因此，我们若想系统地、明智地研究某个教育计划，首先必须明确要达到的教育目标。”[①] 对课堂教学而言，教学目标是核心和关键，发挥着引领作用，决定着教学方式、教学策略的选择。然而，有些教师往往在课堂教学中重视教学方法、教学策略，在课堂教学的形式上下功夫，弱化了课堂教学目标的达成。“现在备课的意义已经发生了变化，原来可能想的（其实老师们可能都有这样的想法）是我怎样把这堂课上得出彩，上出花样来，而不考虑我这堂课的目标定位是什么，在明确了目标后，我才能选择用什么样的

---

① 泰勒.课程与教学的基本原理［M］.罗康，张阅，译.北京：中国轻工业出版社，2014：3–4.

方式来上课。”（J1）

坚持目标导向要立足课程标准、深入分析教材、做好学情分析。课程标准代表了国家意志，是国家对人才培养的要求在课程中的具体展现。课程标准是教材编写和课堂教学的主要依据。教师通过对课程标准的分解，将课程标准的内容要求细化到不同年级，在备课时应注意从课程标准中寻找依据。教材为教师教学提供了直接参考，教材的内容编排、版面设计都体现了编写者对课程的认识和理解，教师可以从教材中获取直接经验。但是，不同地区、不同学校的学生有着很大的差异，教材难以面面俱到。所以，教师在课堂教学中还应深入分析班级内学生的学习基础、家庭情况、性格特征等，有针对性、有选择性地使用教材。有位优秀教师在访谈过程中阐述了如何将课堂教学与课程标准、教材和学情结合。

“比如说《安全护我成长》中‘平安出行’这一部分，‘平安出行’是和交通安全有关的，我们的课本上涉及了哪些内容呢？你要先把教材吃透，看教材是要让孩子了解哪些交通规则，呈现哪些交通规则，我们要遵守什么，他们做得好不好。还有关于酒驾的内容，以及一些相关的小的法律条文，这一课大概分为这几部分，你把教材研究透，看看教材上对这一课是怎样解读的，就不要再去翻其他的教学设计，再去研究其他教材了。看看这一课大概的教学目标是什么，对于活动园，对于每一部分，教材当中给我们提出了什么样的建议？我们应该怎样去落实？然后，我们要把课标好好研读一下，课标要求培养学生的哪一项核心素养？有规矩意识的、有法律意识的、有生命意识的、有安全的、有生命健康的，把和这一课相关的核心素养找出来，根据核心素养来制定教学目标，具体来说，第一看教材，第二分析学情。”（J8）

三、立足学生生活

在 2001 年开始的第八次课程改革中，倡导回归生活的“生活德育”理念深入人心。“德育课程以生活实践为导向，引导人们过一种有道德的生活。新课程改革改变了以往那种唯知识论的课程理念，把德育课程建立在生活经验论的基础之上。在新课程中，道德学习的过程就是在教育的引导下不断丰富、积累、扩大生活经验和反思经验的过程。”①在“生活德育”理念的引领下，小学《品德与生活》《品德与社会》教材也有了明显的变化，选取学生成长中的故事作为素材，围绕学生生活空间展开设计等。在此背景下，优秀教师可以立足学生生活，挖掘现实生活资源，促进学生道德成长。

一是挖掘学生身边的素材。杜威指出：“学校必须呈现现在的生活——对于儿童来说是真实而生气勃勃的生活。像他在家庭里，在邻里间，在运动场上所经历的生活那样。”②优秀教师善于结合学生的现实，寻找发生在学生身边的故

① 鲁洁.德育课程的生活论转向：小学德育课程在观念上的变革［J］.华东师范大学学报（教育科学版），2005（3）：9-16，37.

② 杜威.学校与社会·明日之学校［M］.赵祥麟，任钟印，吴志宏，译.北京：人民教育出版社，1994：6.

事，激发学生的情感共鸣。“同样一节课，公开课的教学设计和以前优质课的教学设计就不一样了，融入了一些人体的知识、水资源的知识以及与环境污染和资源利用相关的一些知识，补充了这些知识后，上的公开课就很成功。”（J1）

二是选取学生喜好的方式。小学阶段的学生由于身心发展的特点，比较喜欢生动活泼的课堂教学方式，比如游戏化、情境化教学，可以激发学生的课堂学习兴趣，调动学生课堂学习的积极性和主动性。“一年级有一节课叫《吃饭有讲究》，我们吃饭一是要讲卫生，二是要注意用餐的礼仪。根据这些礼仪，我设计了一个小游戏，孩子们觉得很有意思。”（J1）“我上了一堂观摩课，这是我第一次把我们研究的情境课堂向全市老师们展示。当时就是想创设一个大的情境，比如在课前，让孩子们从家里搜集各种废弃的塑料制品，矿泉水瓶、洗发水瓶、药瓶，还有塑料的玩具等，带到教室里去营造一种氛围。塑料在我们身边无处不在，用这些废弃的塑料制品，为孩子营造亲切感，然后导入白色污染，让孩子们看看除了带来的这些塑料制品，在生活中还有哪些。这是当时创设的情境课堂的教学模式，让学生了解塑料的起源，学习如何鉴定坏塑料和好塑料，从而引导他们辨证地去看待问题，这在我们市引起了一场关于课堂教学模式的热议。”（J20）

三是解决学生真实的问题。学生在成长过程中会遇到各种各样的困惑，这些困惑正是学生成长的关键点，可能也是成长的重要契机。针对这些困惑，以往课堂教学中往往是以“讲道理”的方式来告诉学生应当怎么做，试图帮助学生解决这些困惑。但是，学生未必能够真正理解这些道理，也就弱化了课堂教学的效果。只有直面学生成长中的真实问题，引导学生深入理解问题产生的原因，才能真正帮助学生解决困惑。“现在研究课的时候，我们不再用上什么花样或者表象的东西，我们可能会挖掘一些生活当中的真实问题，用解决真实问题来促进孩子道德的转化……那节课我上的是《早睡早起》，我们经常会给孩子讲一些大道理，家长也会时常嘱咐孩子好好听讲，告诉孩子要早睡早起，可是，为什么孩子要早睡早起？孩子心里可能也会有这样的疑问：‘爸爸妈妈都还没有睡，为什么我要睡？’我觉得这就是孩子心中的真问题，是真情境、真的矛盾冲突点。所以我们需要在课堂上通过挖掘这样的问题，扭转孩子的认知，让孩子们有所转变。我们要告诉孩子，成年人需要的睡眠时间是7~8个小时，但是学生因为还在长身体，睡眠要保证9~10个小时，这样才能满足身体和精神的需要。”（J1）

“我们在教学四年级下册第一单元《校园里的冲突》这一课时，创设了这样一个情境，刘强和李文在安静的阅览室中一边聊天一边吃零食，破坏了同学们的学习氛围，那么你应该怎么做呢？老师画了一个表格，给出三种处理方式——第一种是忍受，第二种是指责，第三种是真诚劝告，让同学们进行讨论，通过情景表演将三种处理方式带来的结果一一呈现出来，让学生深刻认识到能否避免冲突取决于我们采取的方式，只要方式得当，就可以既表达了自己的愿望和诉求，又尊重了对方。再比如辩论式合作学习，我们在教学

《道德与法治》五年级上册第二单元《班委选举有程序》时，就设计了‘是否只有学习好的同学才能当班委’这样一个话题，带领学生开展了一次辩论。辩论式合作学习也是有流程的，即通过‘聚焦辩点—组内合作—组间激辩—深层感悟’，引导学生以辩证的态度来看待问题，通过多元式理解，完成道德品质的提升。我们还会进行检视性自我反思，在四年级下册第一单元《为什么说到做不到》这一课，老师列出了教材上的一个事例，围绕在学习生活中经常说到做不到的这种现象，提出了一系列问题：第一，你是否也有说话不算数的经历？第二，你当时是怎么想的，又是怎么做的？第三，说到做不到给你带来了什么样的后果？第四，以后遇到这样的情况你会怎么处理？在一连串的问题下，学生进行了自我剖析和反思，深刻认识到说到做到是一个人诚实守信的基本要求。”（J27）

四、注重课堂生成

课堂教学是预设和生成的统一，课堂生成挑战着教师的教育机智。杜威指出：“唯一的真正教育是通过对儿童能力的刺激而来的，这种刺激是儿童自己感觉到的社会情景的各种要求所引起的。”[①]课堂教学是刺激儿童能力的重要路径，优秀教师通过创设社会情境激发学生思考，促进学生道德认

① 杜威.学校与社会·明日之学校［M］. 赵祥麟，任钟印，吴志宏，译.北京：人民教育出版社，1994：3.

知能力、道德判断能力的发展。

一是灵活应对课堂突发问题。教师在进行教学设计时会预设一系列问题，预想学生可能的回答，然后通过解决问题引出教学重点。但是，由于学生个体的差异性、思维的发散性等，教师在教学设计时无法穷尽学生可能的回答，使得课堂教学无法完全按照教师的预设进行。优秀教师往往能很好地运用这一契机来促进课堂生成，取得意想不到的课堂教学效果。正如访谈中一位教师提及的课堂教学一样。

“我执教的是《安全伴我成长》里面的‘平安出行’和‘不让溺水发生’，在我们的课堂设计中，‘平安出行’是从孩子们的交通出行方式入手的，就是孩子们每天是以什么样的方式出行。比如说，有步行的、有乘坐电动车的、有乘车到校的。步行的这一部分人从步行开始讲起，就提到了在路口如何安全通过的问题，比如是否有红绿灯，红灯亮时该怎么样，绿灯亮时该怎么样？因为三年级孩子认知水平比较低，我们就从基本的交通规则讲起。为了给孩子们讲关于安全岛的知识，我出示了一个带有安全岛的大路口，问学生：‘我们来到的这个路口太大了，如果大家过这个路口，走到一半了，绿灯突然变红灯了，应该怎么办？’有的孩子说：‘老师，我站着不动’。我说：‘你不动，行吗？’别的孩子就接话：‘老师，不行，他站着不动很危险，他可以继续通过马路。’这个话题的意义是什么？一是引出安全岛，孩子们会说走到这个图上环形位置的中间就站在这里不动了。老师会给孩子们讲解安全岛的作用，讲完了之后，要给孩子们讲在交通法规里，当我们正过马路的时候，绿灯变红灯了，什么情况下可以继续通行。教学流程按照设计是这样的，但是在这个时候，有的孩子说了，老师他不能站着不动，他要继续过马路，我说那怎么继续过？如果按照孩子思路，很好，我的交通法规就可以引出来了。但是有一个孩子说要往回走，这下就把我预先设计好的思路打断了。要是放在几年前遇到这种情况，我可能会说这不行，我把他拽回预设的流程。但是这一次我问大家：'同学们刚才都认真听了，他刚才说了什么，他要中途折返可以吗？'同学们说：'不可以，太危险了。''为什么不可以？'孩子们接着说：'因为对面的绿灯已经亮了，对面车辆已经开始走了。'我说：'对，同学们，此时此刻你中途折返比你观察好左右继续往前走还要危险。'有的同学说能不能停下。此时我就借机展示了安全岛的照片。孩子们突然又问老师，为什么这个地方可以站？我们就一起来看安全岛的作用，然后播放录音，出示交通法规。又一种情况出现了，我又换了一张图片来问孩子们：'看，不是所有的大路口都有安全岛，瞧，那个路口就没有安全岛，如果你过这个路口走到一半绿灯变红灯了怎么办？要不要继续过马路？'孩子们就会联系前面，观察左右来往车辆。有的同学说：'我不想过，我不敢，车那么多那么快，他们不等我，怎么办？'此时可以讲按照交通法规，我们可以停在路的中心线的位置等待。"（J8）

二是促进学生道德自主建构。在柯尔伯格（Lawrence Kohlberg）看来："同教师和成人一样，儿童有他们自己的关于价值观问题的思维方式，因此，正确的方法是将儿童看作‘道德哲学家’。将儿童称作道德哲学家，指的是儿童能自发地形成他们的道德观念，这些道德观念又形成有组织的思维方式。”[①] 学生的道德成长是在教师的指导和帮助下自主建构的结果，教师的职责在于创设情境、提供条件。正如访谈中一位教师提到的：“怎么让孩子去自然地接受，不是一种给予，不是一种说教，而是他自己在内心对这个事情产生一些思考，我觉得这是我想要追求的。”（J19）优秀教师通常采用学生喜闻乐见的游戏形式模拟现实生活情境，通过同学辩论、自我反思，触发学生的深度反思，引导学生实现道德的自主建构。在访谈过程中，一位教师很好地讲述了学生道德自主建构的过程。

“我记得当时有一节课是给孩子讲规则，一上课我就让孩子做击鼓传花游戏，我没有告诉他们什么叫击鼓传花，怎么玩，也没有说游戏的规则，直接让他们玩。游戏的结果可想而知，一轮下来，小孩都着急了：‘老师不行，他不讲规则，他乱扔。’我说这怎么办，孩子们就说得制定规则。孩子们边说规则、边定条目，还说了为什么要定这条规则，当时我就直接把孩子们说的写在大屏上，他们说一条我就写一条，最后生成了几条。我说这就是我们的游戏规则，就是约定。大家都同意了之后，又玩了一轮，这一次很顺利，也很开心。我说你们前后对比一下，为什么刚才玩得不开心，这

① 柯尔伯格.道德教育的哲学［M］.魏贤超，柯森，等，译.杭州：浙江教育出版社，2000：16.

回又开心了？孩子们就说，因为之前大家没有约定、没有规则，这一轮有约定和规则，所以就玩得很开心。我说在游戏当中，如果我们有这样的一个共同的约定和规则，就能让游戏玩好，其实在生活和学习当中，很多地方都需要规则，让孩子们举了很多的例子，也说了这些规则的好处……我设定了一个小朋友形象，这个小朋友说：'有规则多不自由，你看看我处处受限，这也不行，那也不行，我不想要规则，我就是想要自由，怎么了？'我这个时候在PPT上打出了'规则与自由'，让孩子们说说他们的观点，开了一个小小的辩论会，正方是要有规则，反方是可以没有规则，要自由。辩论会的最后，一个孩子就站起来说：'有规则的自由才是真正的自由。'听到这句话，全场的老师都不自觉地用热烈的掌声给小孩回应，我当时听完之后激动得不行。因为这个道理和这个意识不是我强加给他们的，是他们通过体验和思维碰撞最终形成的，是他们自己建构起来的。"（J21）

五、拓展教学空间

道德与法治课程的综合性、实践性等特征决定了仅仅依靠课堂教学难以真正达成课程目标，道德与法治课程的有效实施需要进一步拓展课堂教学空间。优秀教师充分意识到道德与法治课堂的开放性，加强道德与法治课程和学校德育活动的联系，充分利用校外教育资源，密切学校与家庭的关系，道德与法治的教学空间实现了由课内到课外，由校内到校外的拓展。

第一，由课内到课外。由于课堂教学的有限性，学生通过课堂学习的知识难以转换为相应的行为，容易导致知行脱节。将道德与法治课堂教学与校内德育活动紧密联系起来，可以有效解决这一问题。正如访谈中一位教师谈道：“应该把学科的教学和学校的一些活动有机结合起来，这样效果会更好。比如说，低年级有一个单元是关于环保的，单纯的课堂教学讲完了，孩子们要落实到行动中，真的是有难度。学校把思政课的教学融入学校的德育活动，政教处、少先队同步开展一些环保的、节水节电的德育活动，加上监督、评比、评优，这些活动结合起来，能够有效地提升我们思政课堂教学的效果。”（J18）

第二，由校内到校外。一方面，充分利用校外实践活动资源。“书博会期间，我们就在书博会上给孩子们讲思政。关于农业发展的课，我们就带着孩子们去现代农业科技园里上课，关于古代科技、古代科学的课，我们就带着孩子们去中医博物馆。讲到改革开放这节课的时候，我们带着孩子们去了一个私人博物馆，这里收藏的全部都是老物件，给孩子们看改革开放之前的物件，再看改革开放之后的变化，好多东西是孩子们没有见过的，像蜂窝煤。”（J27）另一方面，关注学生校外的行为表现。“上周一的时候，在上班的路上，我看到我们班一个小男生和他妈妈骑着电动车。我发现母子俩都戴着头盔，到了班里后正是早自习的时间，我就把这个孩子叫起来，说：‘今天我要表扬你，为什么？因为你和妈妈都戴着头盔，太棒了，老师讲的知识你全听进去了。’我还奖励了这个孩子一颗大果子，全班同学都鼓起掌来。第二天就有好几个孩子跟我讲，现在上下学路上爸爸妈妈都戴上了头盔。”（J8）不仅如此，学生的行为表现还深刻影响着家长，带动了家长的成长和进步。“放学和上学的时候，我们学校要求家长在接送线以外接送孩子。有一次，一个低年级的孩子，他还打着队旗，他的家长骑着电动车送他，一直送到了学校门口，孩子一边走一边说：‘爸爸不能送到门口，不能到门口，得下来了，老师让在红线这个地方下车。’可家长根本不理孩子，到了校门口家长让孩子下来，孩子就是不下来。家长没有办法了，又骑着电动车退到了接送线以外，这时候孩子才下来，排着队入校。”（J18）

第三节　超凡脱俗的志业精神

志业区别于职业，也超越职业。以教师为志业意味着不是将教师作为谋生的手段或养家糊口的一份工作，而是将教书育人视为一种精神追求，一种使命和感召。在优秀教师身上所展现出来的对教师工作的认识已经超越了职业的范畴，成为一种有价值追求的志业。

一、淡薄名利，执着专业

在工作中，教师也面临着各种各样的压力，如考核的压力、职称晋升的压力等，有的教师出于应付参加教研活动，一旦得到了相应的回报就不再坚持。优秀教师则没有这种功利化的倾向，通过不断参加教研活动来促进个人的专业成长。“很多人可能赛课之后就把这个东西撂下了，我就属于没撂下的那种。讲了这个课之后，可能很多人说后续不再参加类似的赛课或者公开课，认为讲课拿这个证对于自己晋职称没有用，我没有这个想法，我觉得只要有活动我就参加，没有那么多功利性，这么多年过来了，我一直就是这样，也没有什么复杂的经历。”（J6）对优秀教师来说，比获得证书或者其他物质性奖励更重要的是自身的专业成长和学生的发展进步。

“回顾自己十多遍的试讲经历，我突然发现，对我而言结果已经不重要了，因为每次讲课受益的是孩子。最终孩子们的安全意识提高了，应对突发事件的能力也提升了，我认为这就是一件非常有意义的事情，我不再追求结果。无论是一等奖还是二等奖，对我来说，不重要了，我觉得这是我对这个课的认识的提升，突然之间心里敞亮了，因为我在意的不应该是结果，而是这个课对于孩子们的意义。无论是对于孩子品德培养，还是行为习惯培养，都是语数英那些课程不能给予孩子的，对孩子的影响是终身的。”（J8）

二、充满激情，专注成长

在访谈过程中，几位教师多次提到一个词——“打了鸡血”，“他们说，你总是像打了鸡血一样，不管是 20 岁、30 岁，还是 40 岁，不管是什么年龄段，感觉你总是热情满满”（J20）。“我女儿、我的家人也常常说，你整天跟打了鸡血似的，究竟是怎么想的？”（J26）这充分说明优秀教师对工作充满激情，他们会克服重重困难，十分珍惜每一次学习的机会，充分利用每一次成长的空间，及时学习课程改革、课堂教学改革的新理念、新思想。“曾经有一个难得的机会，省里面有个研讨会，我特别想去，因为生完小孩之后，我觉得自己有点跟不上研究的步伐了。当时孩子才 11 个月，我要是去就意味着给她断奶，我觉得都说吃到一岁，也不差这一个月了。家人也非常支持，于是我就去了。这个牺牲我觉得很值，那次培训我感觉自己重新回归了队伍，接触到了很多新理念、新思想。”（J4）也有教师通过各种各样的教研活动、比赛活动积累课堂教学经验，了解和认识不同类型的学生，为今后的课堂教学做好准备。“即使再忙，只要有这样的教研活动，有这样的大型听课活动，我就去参加，给我安排的任务，我从来没有拒绝过，让我去送课下乡也好，让我去参加省公开课也好，这样的活动我都积极参与，哪怕那个时候快生孩子了。因为我觉得虽然任务让我很忙碌，但是让我接触了不同的学生，了解了不同的学情，进行了不同的历练，我觉得这些都是很宝贵的财富……特别是送课下乡，我的收获很大。因为我见到了不同层面的学生。在那里上课的时候遇到的都是新的学生，一是因为不熟悉我，二是因为他们那个地方对这个学科不够重视，孩子们跟老师没有一点默契，我提出问题，可能一个举手回答的都没有，这时好多老师就会感觉尴尬。我回来会反思一下，再次遇到这样的孩子，这样的情形，我该怎么处理？我怎么打通和孩子之间的沟通渠道？琢磨明白了或者找到方法了，再遇到这样的情况时，我就试着用，这样慢慢就积累了好多的方法和经验……在各种公开课上，你可能会遇到一些孩子，他们特别地优秀。他们提出的问题可能完全出乎你的意料，因为你无法预设每一个孩子会有什么样的反应，所以在一次一次的锻炼中，积累了一些经验。我觉得这是我最宝贵的东西。后来再上课的时候，无论遇到什么样的情况，我几乎都能很好地去应对。我记得有位专家说过，需要用一辈子备一堂课，确实是这样。因为每堂课都不同，每个孩子也不同，你今年教的这些内容明年你换一届学生还教这些，肯定就是不一样的情况。所以备一堂课不是说仅上课之前的那些准备，而是要用一辈子来准备，这句话一点都不假。”（J21）

三、长期坚守，引领示范

在访谈过程中，教师们多次提到了“坚持”，这也代表了他们几年甚至几十年如一日的辛苦付出。有一位来自乡村的教师在缺少必要外在条件的情况下，仅靠着一本杂志作为学习资料而成长为名师。“我觉得最难的莫过于孤军奋战，身边没有人支持你，靠自己一个人摸索，其实那是最难的，没办法，要自己学习突破。我可能会沉寂一年两年，这一两年我虽然不讲课，但我会看书，我一直没有放弃过学习，以不同的方式在学，有时候是参加比赛，有时候是自己沉静下来去读书、去积累，也可能我是在做课题研究，有时候跟着别人做，有时候是自己做，这其实也是在学习，所以我感觉自己始终在学习的路上，这些年没有停下来过。”（J22）优秀教师的长期坚守为青年教师树立了良好的榜样，带动影响了青年教师的专业成长。“我想一直留在课堂上，不是做幕后（现在大部分时间都是做幕后了），近几年，我也想跳到台前去，上一次大课，我一直保持着这种接受新理念、新事物的态度。我觉得亲自站在舞台上上大课，和在幕后指导老师去上课是不一样的……我既想去成就别人，为别人做嫁衣，希望看到青年教师的成长，看到他们的进步，也想让自己依然活跃在台前。”（J24）

第四节　勇于拼搏的个性特征

优秀教师在个性特征上也有一些相似之处，在访谈过程中教师多次提到“较真”“认真”等词语。

一、认真

优秀教师往往具有认真工作的态度，细心对待工作中的每一件事情。“我是那种比较认真的人”（J6），“第一次接触道德与法治区优质课时，因为本身我可能比较听话，虽然心里比较抵触，但还是很认真地做了准备。”（J1）“我这个人可能比较较真，也属于比较认真的老师，对一些材料要求比较高。”（J22）

二、勤奋

由于小学道德与法治教师多是兼任，优秀教师往往身兼数职，只能充分利用极其有限的时间来进行课程教学研究。“白天把所有该做的事情在学校全部做完，晚上回家吃完饭之后，把孩子安顿好，就静下心来备课。所有的思考成长的时间都在夜晚，那几年都是这么拼出来的，真正能静下心来思考，永远不是在白天常态工作当中，都是回家以后或者是节假日的时间，都是这样过来的。”（J8）“晚上吃完饭没事了，我就干活，也挺开心，自己很多的时间都是处于一种工作的状态。”（J19）

三、要强

优秀教师往往对自己有着比较高的要求，对任何事情都要求做到极致。“是性格，我比较要强，性格肯定有决定因素，要做一件事情我就一定要做好，他们都说我有强迫症，做什么事情都想尽善尽美，这种性格，其实也很累人，但是也改不了。”（J24）“可能和性格有关系，最初的时候我对自己的要求不是很高，但是现在，我会想每件事我都要做到最好，在别人看来可能不是最好，但是我会尽全力去做，毕竟这有关孩子，每个孩子的成长就这一次机会。”（J19）

四、悟性

悟性是指对事物能够认识和理解得比较快速、到位，能达到举一反三的效果。优秀教师都具有良好的悟性，能够触类旁通。“可能就是因为这一点悟性，一步一步地走过来，后来遇到县里的教研员，帮助我一点一点加深对这个课程的认识。”（J20）“说到自身的优势，用教研员和指导老师的话来讲就是我比较机灵，接受东西比较快，眼里能够看到孩子的特点和需求。”（J6）

第四章

专注成长：优秀小学道德与法治教师的成长阶段

成长是需要过程的，优秀是要经过历练的。从刚入职的新手教师成长为优秀的专家型教师需要长时间的积累，需要矢志不渝的坚守，需要持之以恒的付出。在成长过程中，教师对课程的认识、对教材的使用、对课堂教学的理解、对学生的认识、对教育方法的选择以及影响力等都在发生着变化。通过对教师访谈记录的分析可以发现，优秀小学道德与法治教师的成长过程大致可以分为以下四个阶段。

第一节 适应期："懵懂"与"模仿"

不少教师在刚进入该学科时，由于对学科认识和理解不充分，导致在任教之初可能会出现懵懂的心理。有老师就曾谈道："那时候还比较懵懂，被人领着教了这么一节课，还没有完全意识到我要一直负责这个学科的教学。"（J1）

这一时期，教师对教材的使用往往处于"教教材"水平，教材有什么就教什么，完全是"照本宣科"。由于教材内容少，有的老师可能难以支撑一节课的时间。处于这一阶段的教师还不能够分析教材，也不能结合学生的现实生活来丰富和拓展教材内容。教师主要借助教学参考书进行课堂教学，“开始的时候还很年轻，还是以课本为主，其次是看教参，教参上是怎么讲的，就怎么讲，有时候也想拓展，但是很容易就拓展偏了，而且不注意课时与课时之间的界限，很容易把这一课时的任务，牵扯到别的课时上，或者把其他课时的内容拿到这一课上来，没有边界感，而且照本宣科，或者说生搬硬套。”（J26）

就课堂教学来说，处于这一阶段的教师尚未有个人对学科的认识和思考，也缺乏对课堂教学的深度思考，正如教师所谈到的：“对于道德与法治课，当时不入门，也不知道该怎么上，我曾经开展了两次小组合作，而且给学生补充了大量的文字资料，当时是六年级的课，是讲水资源的，主要以文字的形式补充给学生。”（J1）在实际教学中以模仿为主，将在教研活动中学习到的优秀教师的做法搬入课堂教学之中，或者是将教研员的想法贯彻到实际教学之中。“那个时候是被动的，很多时候自己不会思考，没有自己想法。”（J6）“第一阶段时，我就像一只稚嫩的小鸟，总是张着嘴，等着人家喂，人家给什么，我就讲什么，处于一种被动接受的状态，老师给我的那些东西，我把它在课堂上展现出来，我就像一个演员。”（J6）

就教学方法来说，处于这一阶段的教师主要采用讲授法，尚不能采用多种教学方法来调动学生学习的积极性和主动性。

从总体上看，这一时期的教师就是一位“小白”，正处于适应学科教学的时期。无论在教材使用、课堂教学还是教学方法等方面都存在一些不足。

第二节　起步期："入门"与"学习"

经过适应期的积累，教师对课程有了一定的认识，开始有了初步的思考，并投入对课程性质、课堂教学等的学习之中，专业成长也有了明显起色。

对教材的理解开始加深，能够发现教材内容蕴含的精神。"一开始只看教材，这本教材太薄了，后来再看教材越看越厚，为啥？因为知道教材中深藏的东西了，知道看课程标准了，这是我们备课的开始。再后来知道的更多了，教材的前言、单元页，教材的主持人，教材的插图，教材的每一句话都是有指向的，蕴含的内容太多了。比如主持人的一个表情、一句话、一个词，他所指的都是不一样的……"（J20）

在课堂教学中开始关注学生的现实生活，并结合学生生活实际选择教学资源，提高学生的课堂参与度。"当时优质课的设计就完全改变了，融入了一些人体的知识、水资源的知识以及与环境污染和资源利用相关的一些知识，补充了这些知识后，上的公开课就很成功……纯文字的资料可能比较抽象，对孩子来说理解起来比较难，他们也只是被动地接受。

而利用一些图片或者视频会比较直观，对孩子们来说可能更容易接受，容易产生情感的共鸣。”（J1）

但是，处于这一阶段的教师仍然是在教研员的指导下进行教学设计或课题研究，独立备课或研究的能力尚显不足。“我能够把教研员的意图很好地在课堂上表现出来。”（J6）教师在备课或教学设计方面虽然开始了学习，但是仍然处于初步阶段。“年轻时候的我会怎么做，我一定是看一下我讲哪一课，然后搜索一下教学设计，这是绝大多数老师喜欢的做法。我会上网搜索，网上的教学设计五花八门，感觉哪个环节有意思就把它下载下来，拼凑出一份教案，稍微整理一下就去上课。对于教材的研究局限于书上的那些内容，教材当中提到了要完成什么目标，我就把这个目标罗列出来。最初的教学水平比较低，所谓的对教材的理解和设计，就是把别人的教材拿来用，也会稍微加点自己的灵感和想法，教案就是这样完成的。”（J8）处于这一阶段的教师注重课堂教学的形式，关注教学方法的多样性、课堂教学活动的设计等，忽视课堂教学目标的达成。“那个时候更注重的是课堂活动的形式，这是我比较擅长的，课堂会注重开展一些活动，形式多样。我在磨课的时候会挖空心思，如何将课堂活动和少先队活动相结合，课堂上开展哪些活动会活跃气氛，很花哨的。”（J24）

与前一阶段相比，这一阶段的教师有了明显进步，有了自主学习的意识，但是独立备课或研究的能力尚不具备，课堂教学比较关注形式化的活动、方法，对课堂教学目标的重视不足。

第三节 发展期："着迷"与"研究"

随着学习的持续深入，教师对课程性质、课堂教学、教材使用等方面都有了更加理性和深刻的认识。教师开始沉浸在对道德与法治课程的研究之中，研究学生、研究教材、研究教学，教师的专业发展有了质的改变。

教师对课程的认识更加深入，对课程性质的认识更全面、更深入。通过持续深入的研究，教师逐渐意识到道德与法治课程的重要性，发现了课程的魅力。"在不断地课例打磨中，因为要参加比赛、要讲课、要研究课堂，所以会有很多的收获，就会发现这门学科很有意思，就越来越想去研究它，慢慢地就进入状态了。"（J4）从课程性质来看，教师也进一步认识到了道德与法治课程的政治性、思想性、综合性、实践性。"我慢慢认识到，它是一个综合性的课程，它跟生活的联系如此紧密，我应该去组织丰富多彩的活动，我尝试着把教材中的一些内容跟生活联系起来，努力把生活拉到课堂里来。"（J6）"这个学科就是带领孩子们更好地学做事学做人，

更好地将孩子们培养成为社会主义的建设者和接班人，这是一门为党育人、为国育才的学科。”（J20）

教师对教材的使用更加灵活，由“教教材”到“用教材教”，可以结合学生的生活实际有针对性地使用教材。“现在的教材运用也会有所变化，比如说哪些策略我是该用的，哪些策略我是不用的，哪些图片我要结合着学情来使用，而和学情无关的我就不用了，或者哪些更适合调查，我会依据教材以及目标的内容来选择策略，而不是策略在前，研究教学内容在后。”（J1）“我开始审视我的教学目标设定，教材上有哪些内容？我们这一课要讲哪些内容？这些内容与孩子们有什么关系？我们现在的教材中，这一课有三个板块的活动，活动一、活动二、活动三，加上活动园的内容，这几个板块中有一部分提到农村焚烧秸秆的情况，这部分内容可能更适合农村的孩子，如果在课程中，你认为这是教材上有的，必须要讲，还要看看它符不符合城市孩子的认知需求，如果不符合我们要达到的教学目的，是否可以找一些内容替换，这是对教材的灵活把握和运用。”（J8）

教师对课堂教学的认识更加深刻，立意更加深远。一是课堂教学的整体观。这个阶段的教师意识到了课与课之间的内在逻辑关系，从一个单元甚至更高的视角审视一节课，站位更加高远。“在还叫思品课的时候，我们创设了一种情景串教学法，现在的大单元和当年我们的那种情景串教学法有着异曲同工之妙。当然，现在的大单元是对整个单元脉络的梳理，是大任务、大驱动、大情境的设计，更有逻辑性了。

以前我们是基于一节课的情景串，是一个小串，以前的课堂只是聚焦于一课，但是现在我们备课的时候，站位就不一样了，是站在整个大单元的高度去看这一课。”（J24）“现在的感觉就是，我从备一堂课转变成为了设定一个育人的目标，不只是为了备这堂课而备课。再一个也会考虑，作为教材的编写者，他为什么要编这一课？编这一课的出发点是什么？是不是只是我们看到的教材表面上的一些内容？有没有一些需要我们深挖的学生思维的转换点、情感的转换点，甚至是生活中的一些冲突点？这些是需要深挖出来让孩子们深切感受的。”（J1）二是由注重教学环节设计到注重教学目标的达成。在起步期，教师往往侧重课堂教学的环节设计，关注课堂教学的情境创设、活动设计、学生参与等，忽视了教学目标的达成，使课堂教学虽然热热闹闹却效果不好。进入发展期，教师课堂教学的关注点转向教学目标的达成，抓住了课堂教学的核心。“在准备这堂课的时候，我觉得意义就变了，我一开始想的是我怎样把这堂课上出亮点来，上出花样来，而不是说我这堂课的目标定位是什么。在目标定位的基础上，我才要去选择运用什么样的策略来上课。”（J1）三是总结教学经验，形成教学模式。经过长时间的探索，有些学校结合学校办学特色，形成了自己的课堂教学模式。“我们改变了一下，当时创设的是情境课堂，后来我们梳理了一下，改成了思辨课堂教学模式。当时很多老师仿着这个课例去上，我也听了很多次，这在我课堂研究中是一个比较大的课例。”（J20）

这一时期教师逐渐独立，教师通过对课程的深入研究增强了对课程、教学、教材的理解，教师专业发展逐渐走向成熟。从影响力来看，这一时期的教师已经成为具有一定区域影响力的教学名师、优质课比赛获奖者等。

第四节 成熟期："坚守"与"示范"

经过前三个阶段的积累，教师专业发展进入成熟期，在学科认同、课堂教学等方面又有了新的理解。

在学科认同方面，教师真正认同学科。通过持续深入地研究，教师越发重视道德与法治学科，真正从内心理解了道德与法治学科的重要性，有些兼职教师甚至将道德与法治视为主教学科。"我对自己的定位就是道德与法治老师，兼任语文老师。"（J4）

在学习状态方面，处于这一阶段的教师始终保持学习的状态，通过学习促进专业成长。一是紧跟时代发展脉搏，关注时事热点问题。"从道德与法治这个学科来看，它可能不仅仅需要教师的专业能力，还需要教师对政策高度关注。"（J1）"作为一个好的思政课教师，要关心国家大事，要知道当下的一些热点话题。"（J24）二是把握每一次学习机会，提升个人的综合素养。如前所述，优秀教师超越了世俗化的功利色彩，更加关注个人的成长和进步，通过专业阅读不断充实自己。"的确是这个样子，专业学科的学习会占用自己很多时间，但是我觉得哪怕只有 10 分钟，我也要看一篇文章，我是觉得只有不断地学习，才能让自己去思考。一路走过来也有很多的收获，我觉得读书让我受益良多。”（J19）“我觉得专业阅读，尤其对课标和教材的阅读，是做老师最根本的要求。当然除了这个，可能还要读一些与专业相关的其他内容。教语文的时候可能关注文学类多一些，但是教了道德与法治以后，我觉得这个专业的书籍涉及面很广，对我来说有些书读起来有些难度，可能读完之后，觉得挺苦恼，因为并没有在自己心中形成一个体系，所以我就通过一些思维导图或者读书笔记，将它记录下来。”（J19）三是持续加强专业学习，夯实专业知识基础。由于道德与法治课程的综合性特征，涉及道德教育、法治教育、中华优秀传统文化教育等诸多内容，对教师专业知识也提出了很高的要求，教师只有持续学习，才能不断满足教育教学的要求。“我讲仁爱精神的时候，需要研究传统文化。我去年讲六年级法治教育专册的时候，就真的研究了法律，而且我为了上好道德与法治课，就想考一个法律职业资格证书，于是就在网上报了一个班。参加法律专业的考试，要学宪法、民法、刑法等，我自己会去学。我觉得要给孩子讲透法律，不研究是不行的。有时候为了讲好一个知识点，我会在网上搜很多资料。当时上《中华民族一家亲》这一课的时候，我翻了不知道多少网页查找资料。上《人大代表为人民》这堂课时，讲到人大代表的评选流程，我就上网搜索最严谨的流程是怎样的，我们还搜集了选民证，如果不能亲自参与评选怎样委托给别人，什么样的

人能委托，什么样的人不能委托，什么样的人有投票权，什么样的人没有投票权，我们都进行了详细研究。”（J1）

在课堂教学方面，在前一阶段关注目标的基础上继续优化课堂研究。“再后来一个阶段就开始串起来了，就像是串珠子，课上的一些设计、一些活动就像一些散落的珠子，我怎么用一根线把这些珠子串起来，是串成一个金项链，还是银项链，或是珍珠项链，我要选一根什么样的线来串，我总不能用金线来配珍珠。那个阶段我更多的是想这根线怎么去选，现在开始基于目标选择了。我们最初的一些活动，也会考虑目标，不会只是形式上的。老教研员有时候开玩笑说，那样的课是假活跃。再就是找线，把这些串起来。现在再来看这样一节课，我不会仅仅找一根线，我会找两根线，明线是基于目标的、大家都能够读懂的线，我在这节课上还会埋一条暗线，这条暗线能够体现这堂课的深度和厚度，我现在更喜欢这样的课堂。”（J24）

在影响力方面，这一阶段的教师已经成长为具有代表性的教学名师，往往有自己的名师工作室，带动和影响青年教师成长。一方面，成为名师意味着对自身有了更高的要求，要为青年教师树立良好的榜样。“我作为主持人，不能在原地止步不前，我也要给他们做榜样，会给自己定三年规划和每一年的阶段目标，我们每年都会在小结会上交流，谁的目标完成了，读了多少书，上了几节课，参与了什么课题研究，都会进行详细汇报。”（J24）“我是市级名师，大家在看我这节课的时候，可能是用审视的、挑剔的眼光来看，来看看名师的课是什么样子的，所以我背负着很大的压力，甚至这一个月都没怎么睡觉，有很大的压力……另外，我觉得这是教研员给我的一个很难得的机会，我想用这样一个机会去引领青年骨干教师，让他们知道名师的课堂是什么样的，让他们心服口服。”（J24）另一方面，成为名师还意味着要对青年教师严格要求，带动和引领青年教师的专业成长。“我把自己有的、看到的、学到的毫无保留地教给徒弟们，领导们也很认可。那时候带着他们搞课题研究，搞课堂教学模式改革，搞得轰轰烈烈。我们道德与法治组算是县里的一个拳头学科组，那时候搞主题案例式课堂教学模式，还要跟课题研究结合起来。那时候没有大单元教学的概念，也没有研学课程，但是我们走的路线已经是大单元教学，也是研学。我们把单元内容整合起来，从家乡入手，带着学生走进展览馆，回来写调查报告。我们很早就将课程与传统文化结合，其他学科组的老师们都在学习我们道德与法治组。“粽香伴我行”主题活动开展的时候，我们就带领整个四年级的家长志愿者去包粽子，把这个活动搞起来，做得非常扎实。当时的课题就是德育课程一体化，主题式教学案例研究。这个课题的研究使一批老师实现了快速发展，他们在研究的过程中积累了很多的经验，比如说撰写论文、写优质课，进行经典发言，带动了五六名老师的专业发展。”（J20）

处于这一时期的优秀教师不仅对课程、教材、教学有了深入而独到的认识，取得了令人瞩目的成绩，而且已经成长为学科的核心力量，成为影响区域内青年教师发展的榜样示范。

第五章

助推成长：优秀小学道德与法治教师的成长动力

在小学道德与法治教师成长的过程中，一些因素推动着他们沿着这条路持续走下去，促使他们不断走向优秀。

第一节　情怀的激励

教育是一项长期而艰巨的事业，教师在任教道德与法治课的过程中实现专业成长，在自身价值被认可的同时也激发了内驱力。在责任感和使命感的感召下，这些教师不断追求卓越，实现新的突破。

一、专业的成长

通过教研活动的刺激、教研员的指导、团队的帮助，教师的专业水平逐渐提高，对课程的定位认识更加清楚、对课程目标的把握更加到位、课堂表现力不断改善。不仅如此，对于兼职教师而言，道德与法治教师的专业成长也带动了他们在其他学科（如语文）的发展，增进了对其他任教学科的认识，加强了道德与法治课同其他学科的联系，促进了不同课程内容的整合。“我发现自己的成长是最主要的，我觉得单纯地去教这个课的时候，或者单纯以一个老师的身份和孩子去交流这个课、这些内容的时候，也是我最开心的时候。”（J9）“我觉得道德与法治学科带给我的不单单是这一门学科的成长，它提高了我对生活的认识、对教学的认识，增强了我的教学能力。”（J14）

二、价值的肯定

学生的成长是对教师价值最大的肯定。学生思想的变化、行为的改变、问题的矫正极大增强了教师的价值认同感，激发了教师对自身工作的认可，找到教师工作的意义。“在这个过程当中，我就觉得自己实现了教师的价值，我也愿意去做一个思考型、创新型的老师。”（J2）除了改变学生，优秀教师也在以身示范，带动和影响青年教师的专业发展，促进青年教师的专业成长。在自身工作得到肯定的同时，教师的职业幸福感、成就感油然而生。“这门课成就了我作为一个老师的简单的快乐。”（J9）

三、内驱力的激发

专业的成长、价值的认可激发了教师的责任感和使命感，使他们认识到上好道德与法治课责任重大、使命光荣。

"我认为自己成长得很快，尤其是近期我们国家对于思政课的重视，使我深深地认识到自己的使命和责任，要给孩子扣好人生的第一粒扣子。"（J8）在责任感和使命感的召唤下，教师利用一切可能的机会进行教学研究，学习先进教学经验，收集可能用到的教学素材。比如，有的教师利用"学习强国"积累教学素材，为备课做好准备，"我早上一起来就学习'学习强国'，如果觉得某一篇视频资料或者新闻在课堂上或许能用到，我就把它收藏起来。"（J2）也有教师定期翻阅报纸杂志，学习先进的教学理念和典型的教学案例，不断开阔研究视野："像《中国德育》《中小学德育》，我基本上每期都读，现在感觉如果不学习自己就是井底之蛙，看到的永远是头顶上的一片天空。"（J4）如此一来，教师的内驱力被激发出来，教师发展具有了内在动力。

第二节 教研的刺激

参与教研活动是促进教师专业发展的重要方式。我国自上而下的各级教研体系有效保障了教师职后教育的开展，提升了教师的专业水平。“中国的教研，是教师专业精神与专业素养的结晶。教研，让教师处于经常反思、不断更新的状态……中国的教研，是中国的一个宝藏。”① 在观摩别人上课和自己准备公开课的过程中，教师也在不断学习、不断反思、不断成长。

一、观摩的触动

教师参与教研活动一般从观摩公开课、优质课开始。所谓“台上一分钟，台下十年功”，每一节公开课、优质课都是任课教师精心准备、细致打磨、反复练习后才展现的，因

① 程介明.教研：中国教育的宝藏［J］. 华东师范大学学报（教育科学版），2021，39（5）：1-11.

此，极具学习价值。观摩公开课对于教师专业发展具有重要意义。一是提供了一个学习的榜样，打开了视野。在课堂导入、活动安排、课堂互动、素材引入、效果反馈等方面，公开课都是经过精心设计的，在如何达成教学目标、如何调动学生的学习积极性、如何加强课堂互动等方面都值得学习。“那节课老师带着学生采用了一种合作学习的方式，我觉得那就是教学方式的一种变革，让我知道原来道德与法治课可以这样上。那堂课让我感觉挺震撼的，一下子扭转了我对课堂教学方式的认识。”（J1）二是促进教师进行自我反思。参与观摩的教师学习优秀教师课堂教学的同时也在促使自己对照个人课堂教学进行反思，进而改变自己的教学设计、加强课堂互动、激发学生的学习兴趣。“我就觉得道德与法治课很吸引我，原本很枯燥的内容，放进去了很多适合儿童的元素，作为一个观众在台下会觉得这样的课特别好。每次我都有这样的冲动，就是我也想那样去上课，每次上课都是一次激励，每一次回去都找孩子喜欢的、寓教于乐的上课形式。”（J2）

二、磨课中成长

如果说课堂观摩给教师带来的是思想上的触动，那么磨课则是教师亲身实践、在尝试和摸索中不断进步的过程。有研究显示：“承担过区级及以上公开课展示对教师专业发展影响显著。”[①]一方面，磨课改变了教师对思政课的认识和态度。由于在磨课过程中教师会反复对课堂教学目标、教学内容、教学方法、教学评价进行揣摩，就会发现思政课的魅力，进而改变对思政课的认识和态度。“上了几次以后，就觉得这门课也挺有意思的，发现自己当了十几年老师，之前的工作似乎都白干了。”（J9）另一方面，磨课促使教师从“模仿别人”转变为“找到自己”。由于教师性格特征、学生学情等方面的差异，教师在观摩中学习的经验难以照搬到教学实际中来，这就促使教师根据学情寻找适合自己的教学方法，逐渐形成富有个人特色的教学风格。“我参加了一个省里的比赛，稿子改了 20 多次，几乎是天天改，自己好像着迷了，一直想自己应该以一种什么样的形式让学生更容易接受甚至更贴近学生的生活，让学生能够有所思、所感、所悟。后来就觉得道德与法治学科魅力太大了，自己愿意去研究。”（J1）

---

① 罗嫣才.教研参与对小学道德与法治教师专业发展的影响研究［J］. 课程·教材·教法，2020（5）：93-98.

第三节　团队的带动

“一个人走得快，一群人走得远。”教师专业发展离不开学科教研团队的支持和帮助，孤军奋战、单打独斗难以成为优秀的教师，相互帮助、精研教学是教师专业成长的不竭动力。

一、校长的引领

一是专业引领。有些校长本身就是学科专家，是从一线成长起来的，他们能够给予教师专业层面的指导。如前所述，有的教师走上道德与法治学科教学之路就是源于校长的引领。

二是条件支持。校长对道德与法治课程的重视也非常重要，通过提供学习机会、协调校内外资源等，为教师从事道德与法治教学提供支持。“我得益于学校非常好的科研氛围和领导对教师发展的关注。有一个令我终生难忘的人，就是当时的业务校长，她现在已经退休了，她是我的生活和学习的老师，是指引者。校长非常重视我们的发展，引导我找各级教研员点评，找县域内的老师集中给我评课讲课，我们还成立了课堂发展中心。我就专注于备课、教学设计、教材的解读以及与孩子们的沟通……我记得非常清楚，我第一次参加省优质课的时候，需要很多教具，需要到各个学校去借，这些事情我都不用管。我只需心无旁骛地研究，我非常喜欢这种氛围，经常备课熬夜到一两点。后来想想，领导的支持和科研氛围真的很重要。当时业务校长帮我规划，她说咱要走到一定的阶段再要孩子，半途而废太可惜了。这位校长不只是我教学路上的导师，也是我人生的导师，我非常信任她、佩服她，自己也很愿意这样去做。"（J20）

二、教研员的帮助

"改革开放40年来，我国教研员承担了教学研究、教学指导、考试组织、教师培训、教研决策服务、课程政策研究、校本课程领导等多种任务。"[①] 教研员作为连接理论与实践的桥梁，在教师专业水平提升方面发挥着重要作用。一是榜样的示范。教研员的人格修养、道德品质、为人处世的方式、工作态度等都在无形中影响着教师对学科和对工作的态度。"郭老师引导我如何做一个合格的思政老师。我记得很

---

① 赵虹元.我国教研员角色的变迁与展望［J］. 课程·教材·教法，2018，38（10）：111–116.

清楚，他在修改我的论文的时候都是一字一句的，我特别感动，我觉得我也应该去做一个真真正正、踏踏实实的老师。”（J10）

二是思想的引领。除了以自身作为榜样，教研员还在日常工作中结合教师工作的性质、特点等引导教师树立正确的世界观、人生观、价值观，以积极的态度影响和带动学生。“李老师是一位特别好的教研员，她崇尚真善美，这在她的身上表现得特别明显。她跟我们骨干老师的交流和亲姐妹一样，特别真诚。”（J8）“李老师帮助和指导我做一个优秀的思政老师。他经常要求我们要有对真善美的向往，我觉得特别感动。”（J10）

三是专业的指导。教研员作为学科专家，对教师进行学科专业指导是日常工作，这些指导包括如何正确认识任教学科的性质、特点，如何把握课堂教学目标、重点难点，如何采取恰当的教学方法，如何使课堂教学更具逻辑性和思维深度等。“我的成长得益于李老师的指导，我印象很深的是《电视里看世界》这一节课，李老师从对教材的整体把握到思路的引领，让我对这一课有了新的认识，而且我发现改变教学方法和教学思路之后，会真正实现教学目的。”（J11）在教研员的指导和帮助下，教师无论是对工作的认识、对学科的认识还是教学水平都有了显著提升，这也激励着他们持续进步。

三、团队氛围的影响

除了教研员的支持和帮助，学科教研团队互帮互助的氛围也在无形之中影响着教师对学科的认同。一是情感的寄托。学科教研团队作为一个集体，是由一个个富有激情的教师组成的，他们在日常的交往过程中产生了浓厚的感情，如兄弟姐妹般，团队也给教师带来了如“家”般的温暖，成为教师情感的依托。“我是一个独生子女，没有兄弟姐妹，可能天然地就带有独生子的特征，任教这个学科之后，我不再是一个独立的个人。在这个团队里面，我整天说我是最小的那一个，我特别开心，因为这里有可以提供帮助的大哥哥、大姐姐，无论是生活上还是工作上。对于某一个学科的这种感受，我觉得给我的触动很大。”（J15）二是专业的互助。学科团队成员相互合作、共同成长，为团队成员进步、学科更好发展贡献自己的智慧和力量。“我们团队里的老师特别无私、特别好，每一次讲课的时候，不管向谁请教，都会毫无保留地给予我帮助，在教学方面，不光让我在思政课上有所提高，也影响到我教的其他的学科。”（J14）

第四节　成长的助力

对于教师而言，看到学生的成长和进步是最有成就感的。教师在一次次地帮助学生解决问题的过程中也督促自己不断学习进步，最终实现师生共同发展。

一、解决学生的问题

这里的“问题”有两层含义，一是疑问，即学生对课堂教学内容不清楚、不明白之处。由于小学道德与法治课涵盖的知识面较广，学生的“问题”也有可能是教师的“问题”。教师为了解答这些“问题”，需要查阅资料，解决问题的过程也是教师学习进步的过程。“当孩子问你一个问题，你感觉到很蒙的时候，你就需要去查阅更多的资料。通过这种一对一的解答，让你自己不得不去学，从而给孩子一个更好的反馈。”（J3）“问题”的另一层含义是不足，即学生成长中的误区。学生在课堂教学过程中呈现出的问题也迫使教师不断反思自己的课堂教学行为，深入研究课堂教学，进而弥补学生身上表现出来的不足。“我记得当时讲甲午战争，无论是知识储备还是影像资料等，准备得很齐全，但是上课的时候就是感觉孩子提不起兴趣来，甚至看到甲午战争最惨烈的场面的时候，有个小男孩还在下面笑。我当时很生气，这事儿给我触动很大，如此惨烈的战争啊，这么悲壮的一个历史时刻，为什么孩子会笑呢？”（J13）

二、满足学生的期待

只有当教师对学科赋予了感情，全身心投入学科教学之中的时候，学生才会真正喜欢这门课程，来自学生的反馈会促使教师往更高、更深层次提升。“现在我如果有事不来上课，我的学生就会提醒说，‘老师，你那一节道德与法治课还没上啊’。我要是不上课，他们会觉得好遗憾。”（J2）“最主要的动力源于孩子的反馈，这个很重要。我的课堂受到了孩子的欢迎，如果我说今天这节课不上了，我要去开会，咱调课了，孩子们会很失望的。”（J27）学生对上课的期待表达了对这门课的喜爱，这鼓励着教师不断进行教学研究、持续改变课堂教学、增进课堂的趣味性。

三、看见学生的进步

学生的成长和进步是对教师最大的慰藉和鼓励。小学道德与法治课尤为注重对学生的情感、态度、价值观方面的引导。经过精心准备的课堂教学，教师会看到学生的收获："在一堂课上完之后，我会看到孩子们眼睛里闪烁着光芒。"（J8、J11）学生在课堂上情感的流露，在日常生活中行为的变化，这些进步都是对教师工作极大的肯定和认可，同时也鼓励教师深入进行教学研究，以促进学生更大的成长和进步。"我记得上《生命最宝贵》这一课时，有位老师正是在怀孕期间，我就让这位老师录了一段话作为教材。这位老师怀孕反应特别强烈，她进教室以后必须马上打开窗子。可能学生也了解一些，但是不知道为什么会这样，也体会不到孕育一个生命是这么不容易。但是在那节课之后，那位怀孕的老师后来跟我讲，她现在一进教室，学生就会主动把窗子打开。"（J1）"除了在校园中每天看到孩子们的变化或者他们对待某一件事情的态度发生了变化，还有一个活动给我留下了深刻印象。我曾经开展一个'爸爸戒烟'主题式教学活动，当学生运用在课堂上所学的知识改变了家里的一些不良生活习惯后，我特别兴奋。当时四年级有一个关于健康的课例，我跟班里的孩子聊天的时候发现，有二十多个孩子的爸爸或爷爷是抽烟的。而且，有一个小女孩说她爸爸因为抽烟经常和她妈妈吵架，影响夫妻感情。我当时就决定开展一个主题活动。在课上，我们先学习教材中的内容，了解了吸烟的危害，然后让孩子给他们的父母写一封信，我也写一封信。我把信打印出来，签上我的名字。每个孩子建立一个戒烟监督记录卡，监督家长。孩子们的信有些写得非常感人，写出了真情实感，和爸爸或者爷爷说了自己的心里话。这个活动就是让孩子们做家庭戒烟监督员，帮助爸爸或爷爷在家里少抽一点，慢慢减少，坚持一个月。一个月之后，有的爸爸就给我写信或者打电话，表示非常感谢这个活动，看到了孩子对他的关注，看到了孩子的用心，慢慢地戒烟了。我回访的时候发现，班里有五个家长成功戒了烟。”（J20）

四、得到学生的喜爱

教师的教学是双向奔赴的过程，教师的辛勤付出会得到学生的认可，学生对教师的喜爱又为教师带来工作的成就感和幸福感。“我是心里边装着孩子，所以孩子也喜欢他们的道德与法治老师，所以我觉得在这种成长的路上，真正是把对于课堂的爱、对于学生的爱真情流露，我觉得和孩子们之间的互动是没有功利性的，孩子们也不能给我发个什么证。我很骄傲在操场上，他们都很愿意过来和我打招呼，都很亲我，低年级的小孩就非得抱我，我就觉得很幸福。”（J24）“我外出学习时，学生就会问我什么时候回来，小班干部还会给我汇报班里发生了什么事了。我回来后，孩子们会扑上来抱住我，弄得校长们在旁边都很尴尬，说你看人家老师怎么人缘那么好。”（J26）

第五节　家人的认可

除了上述因素，来自学生家长和教师家庭的认可也影响着教师的专业发展，鼓励教师的专业成长。

一、家长的信任

家校合作是学校教育的重要推动力，家校合作的前提是家长对学校的信任，家长对教师的信任则是其中最重要的内容。“有一年我生病需要动手术，当时是带着毕业班，在那段时间里，家长们对我特别地关心，有的跑到医院去探望，有的通过手机嘘寒问暖，孩子们也会偷偷地给我写信。当然了，我也给孩子们写信。有个孩子我教了三年，分班后在竞选大队委时落选了，虽然不在我的班里了，但家长还是那么信赖我，说：‘你看孩子今天大队委没选上，情绪很低落，也不吃饭，回家就一直哭，他最听你的话了，你能不能给他写封信？’家长的认可，学生的信赖，这是一种双向奔赴，

让自己更有动力。”（J26）

二、家庭的支持

家庭是我们每个人成长的坚强后盾。在教师的成长过程中，来自家人的关心、关爱和支持不仅为教师的专业成长解除了后顾之忧，还带来精神上的激励。“家庭聚会时，我弟媳妇说：‘我们这么多年一直以你为中心，每次回老家聚会都先问问你什么时间方便，可以不加班。姐姐，你的军功章里有我们的一半。’我说：‘何止是一半，全家人都是我坚强的后盾，都是你们的支持包容，才有我今天的成绩。’”（J26）“我觉得还要考虑家庭的因素，必须得承认的一点是，女同志在成长的过程当中，面临的阻力会更大一些。如果没有家庭的支持，比如带孩子，我挺幸运的是在带孩子的问题上，孩子的爷爷奶奶给了我很大帮助，我没有那么多家庭负担。我爸爸是个农村老头，我当年参加讲课比赛，得了全国一等奖，那是20世纪90年代，我爸拿出500块钱让我去买新衣服，我那时候工资才300块钱，拿500元买衣服是很奢侈的，也就是说对于我爸来说，闺女这个事做得挺好的，对我是一种鼓励。从我公公婆婆的角度来讲，我们结了婚，有了孩子了，但没有扯后腿，我老公尽管脾气急，总体上也是支持我的，所以说家庭的支持也挺重要。”（J6）

第六章

总结与建议

第一节 总结

一、教育情怀是优秀道德与法治教师成长的内在动力

道德与法治教师之所以优秀，源于他们对教育事业的热爱，源于他们浓厚的教育情怀。他们将立德树人视为责任和使命，对教育事业饱含着深情，始终坚守着教书育人的初心。他们真心喜欢孩子，愿意与孩子打成一片，成为孩子们的良师益友。他们喜欢这个学科，不仅认识到道德与法治对学生成长的重要性，而且持续深入研究课程、研究教材、研究课堂，通过选取学生身边的生活内容调动学生课程学习的积极性和主动性，以真实的情境促进学生道德素养的生成。正是教育情怀推动着教师持续成长，不断走向优秀。

二、深耕课堂是优秀道德与法治教师成长的重要路径

参加优质课、公开课等教学比赛是教师专业成长的重要路径，访谈中绝大多数优秀教师通过参加教学比赛逐步成长为区级名师、市级名师、省级名师。因此，深耕课堂教学是优秀道德与法治教师成长的重要路径。这是因为，课堂教学不仅展示了教师的教学基本功（如语言表达、临场应变等），而且展现了教师对课程性质、育人目标以及教材的认识和理解水平。因此，深耕课堂要求教师对课程标准、教材有深入的研究，能够从整个学段的高度来看待每个年级、每个学期、每一单元甚至每一课的育人价值。从优秀教师的成长经历来看，他们对课堂教学的认识也在发生着变化，从一开始的注重课堂教学的形式与花样，到后来关注课堂教学育人目标的达成，实现了由形式到内容的转变。

三、内外统一是优秀道德与法治教师成长的支撑力量

优秀道德与法治教师的成长既源于教师个体浓厚的教育情怀、矢志不渝的坚持，也离不开教研员、学校的支持。从访谈中可以看到，优秀教师身上有许多鲜明的个性特征，比如勤奋好学、持之以恒、把握机会、追求成长等，个人的努力和付出为专业成长做好了准备。正如有位教师谈道：“每走一步我们都制定一个目标，朝着这个目标去努力去奋斗，

可能这一个目标实现不了，但是只要去努力，我们就会离这个目标越来越近……经过这些年的成长，我的一个深刻感悟是所有的经历都是财富，所有的付出都是积累。一次次经历积累的力量，就像多米诺骨牌，我坚信它们会在我成长的某一个阶段绽放。”（J18）“我觉得这件事给我的感悟是，不论哪一个学科的老师，都应该对自己有一个规划，还要持续走下去，这样才能够让自己真正成长起来，才能在一个学科里有话语权。”（J28）他们长期的坚持和积累为专业成长打下了良好基础。此外，教研员和学校的研究氛围，特别是学校领导的支持，为教师专业成长提供了极大的帮助。教研员作为学科专家，在教师研究课程、研究教材、研究课堂的过程中提供专业性的指导和帮助，引导教师更准确、深入地理解课程内容。学校的科研氛围、领导的支持也为教师专业成长提供了外在的条件，使教师有时间、有精力、有能力深入开展课程教学研究。

四、强化理论是优秀道德与法治教师成长的重要方向

由于诸多因素的影响，一线教师长于实践探索而短于理论研究。理论不足制约着教师更高层次的专业成长，如对课程性质的认识、对教材使用的把握等。笔者在对生活德育实施的研究中发现，生活德育在实施中存在着简单化、形式化和极端化的误区，而这些误区产生的原因之一就是教师对生活德育的理解浮于表面。“在教师眼里，尽可能地贴近儿童

的生活实际、从儿童的现实生活出发进行课堂教学就是在贯彻和落实生活德育理念。因此，在实施中就有了以‘创设情境’与‘组织活动’为主的做法。这种‘朴素的生活德育’是对生活德育理论简单化、片面化的理解。”[①] 当优秀教师的专业发展达到一定程度后会进入瓶颈期，突破瓶颈期的路径就是加强理论研究，增强对课程的深入理解。实际上，优秀教师成长的历程也是不断提升理论水平的过程。面向未来，优秀教师应持续强化理论学习，加强对课程、课标、教材、课堂的深入研究，以理论研究带动专业更好地发展。

① 程伟. 生活德育的实施误区及其超越［J］. 课程·教材·教法，2021（5）：90–95.

第二节 建议

一、优化职前教育，增强教师学科理解

增进对小学道德与法治课程的认识和了解是教师专业发展的前提和基础。小学道德与法治教师多是语文学科出身，在职前教育中并未系统地接受关于小学道德与法治课程的学习，对学科的不了解容易使他们对课程产生抵触、排斥心理。因此，建议在教师职前教育中增加小学道德与法治课程相关的内容。一是在师范类专业特别是小学教育专业开设“小学道德与法治课程与教学”必修课程，系统介绍小学道德与法治课程的重要地位、历史发展、课程性质、课程内容、教材编排等，展现道德与法治的学科魅力，引导师范生增强对任教小学道德与法治课程的兴趣。鼓励有良好师资条件的高等师范院校在小学教育本科专业增加小学道德与法治课程，在小学教育专业学位硕士中设置小学道德与法治方

向，提高职前教师培养质量。二是积极引导教研员、骨干教师参与教师职前教育，通过课程教学、专家讲座、课例指导等方式提升师范生在小学思政课上的教学实践能力。高校教师在理论储备、专业知识等方面具有显著优势，但在实践能力方面存在明显短板。因此，高校在师资配置方面应结合理论研究者和实践工作者的优势，积极引导具有丰富教学经验、取得优秀教学成绩、具有浓厚教育情怀的行业教师参与师范生培养，增强师范生对小学道德与法治课程的认识和理解，厚植师范生的教育情怀，为实现由“认识”到“热爱”的转化做好铺垫。

二、强化激励政策，培养教师学科自觉

鉴于小学道德与法治课程的重要性，各级教育主管部门、学校应当在教师招聘、教师待遇、教师评奖、教师培训、教师晋升等方面予以政策倾斜。在教师招聘方面，适当选拔小学教育道德与法治方向、思想政治教育专业的毕业生作为学校道德与法治后备人才，鼓励有条件的地区和学校招聘专职道德与法治教师，具有思想政治教育、学科教学（思政）、教育学原理（德育方向）相关专业硕士学位的毕业生，若应聘小学道德与法治教师可以免笔试。在教师待遇方面，对任教道德与法治达到一定年限的教师给予适当的津贴补助，保证道德与法治教师队伍的稳定性。鼓励优秀的兼职道德与法治教师转为专职，并给予物质或精神奖励。在课题申

报中设置道德与法治专项、定期评选优秀道德与法治教师、在评优树先和职称晋升等环节优先考虑道德与法治教师，改变人们对道德与法治的学科歧视，提高道德与法治教师的地位，增强道德与法治教师的自信心，调动教师参与道德与法治教学的积极性。

三、统一内外因素，促进教师专业成长

优秀道德与法治教师的专业成长是内外因素叠加的结果。教师个人对学科魅力的认识、努力和勤奋程度是影响教师专业成长的直接因素。教师应厚植教育情怀，坚守育人初心，怀抱成长意愿，做好个人发展规划，充分利用一切可能的因素、抓住每一次成长的机会来促进个人专业发展。此外，教研员、学校领导、学校氛围等外在因素也影响着教师的成长意愿。学校领导要善于发掘教师的成长潜质，鼓励有良好成长意愿的教师从事道德与法治教学，并为教师专业成长提供环境支持。重点加强学校的教研组建设，调查发现，“思政课教师对密切联系的教研组和年级组最认可，对学校管理部门开展指导培训认可度最低。51.0% 的思政课教师认为‘教研组、年级组之间的学习和交流’对个人专业发展的帮助最大。”[①] 学校教研组要建立定期交流研讨的机制，结合热点问题、难点问题、痛点问题等引导教师开展研究，提高

① 胡姝，张广斌，张志勇．组织生态视阈下中小学思政课教师专业发展的困境与策略——基于 2020 年度全国中小学德育调查［J］．教育科学研究，2022（8）：71–77.

课堂教学质量，促进教师专业成长。

四、多措并举提升教师教育理论水平

一方面，教师应充分利用时间加强理论知识的学习，通过阅读提升个人理论水平。具体来说，教师阅读的内容既可以有关于课程标准、教材、教学的研究成果，以增强对课程的深入理解，也可以有教育基本理论、德育理论、儿童心理等方面的研究成果，以增强对教育理论和儿童发展的深入认识。另一方面，提高教研活动质量，扩大教研活动覆盖面。在形式方面，除了学期初、学期末的教研，还可以要求教师走进名校，通过与名师面对面交流、参观学习名师课堂教学、参与全国性或地区性的教学改革研讨会等，开阔视野、增长见识。在内容方面，除了日常教研中的教材解读、课例研讨，还可以适当增加课改理论研讨、德育理论学习、儿童发展规律的解读等内容，增强教研活动的理论深度。此外，考虑到兼职的普遍性，教研活动还可以增加班主任工作、学校德育活动的组织与开展等与德育相关的内容。在覆盖面方面，邀请理论研究者、德育管理者、班主任等加入教研队伍，通过与不同德育工作者的交流研讨丰富个人理论储备，提升个人理论素养。

代表性优秀教师访谈记录

在访谈过程中，这些优秀教师的精神和事迹给笔者留下了深刻印象，他们饱含着对教育的深情，对学科的热爱，对学生的责任。为了完整地展现优秀教师成长的心路历程，笔者选取了四位具有代表性的优秀教师的访谈记录，原汁原味地呈现他们的成长故事。

这四位教师在学校中的角色各不相同，成为道德与法治教师的原因也略有差异，他们中有专职教师，也有班主任、语文教师兼职，还有大队辅导员兼职等，四位教师从不同方面展现了优秀教师成长的历程，基本能够覆盖当前小学道德与法治教师群体。第一位教师是担任语文教师、大队辅导员兼道德与法治教师，她从一开始的"抵触"到后来的"热爱"体现了道德与法治课程的魅力，从她的成长经历中可以看出，只要教师深入道德与法治课程的研究中，就会转变对课程的认知，成长为优秀教师。第二位教师是班主任、语文教师兼道德与法治教师，她分析了班主任、语文教师、道德与法治教师三个角色之间的紧密联系，为当前班主任、语文教师如何兼职做好道德与法治教师提供了借鉴和启发。第三位教师一开始是专职教师，后来曾兼语文教师，年轻时即在该学科取得了耀人的成绩，之后始终坚持学科研究，也发挥着引领示范作用，影响和带动了一大批年轻教师的成长。第四位教师是专职教师，自始至终对学科充满热情，随着研究的深入对学科有着独到而又深刻的认识。

代表性优秀教师访谈记录1

问：老师您好，非常感谢您接受访谈，我在做一项关于小学道德与法治教师的研究，主要是研究优秀小学道德与法治教师的成长叙事，有些问题向您请教一下。您是从什么时候开始教这门课的？

答：我刚参加工作的时候是当语文老师，在开始的五年里，我担任班主任并教语文学科。后来，我们学校新换了一位校长，我当了大队辅导员，出于时间和精力的原因就没法再当班主任，也没法教语文学科了，所以就教了信息技术学科和道德与法治学科。从那个时候开始，对道德与法治这一学科有了初步了解并走上了道德与法治学科的研究之路。但是当时的研究主要还是由校长带队，包括后面的研究也是由那位校长带队。那位校长当时是我们区的道德与法治学科的教研员，来到我们学校后，指导我出了一节信息技术学科和道德与法治学科融合的课程，是一节整合课。应该说从那时候开始我就爱上了道德与法治学科，其实那时候还比较懵懂，被人领着出了这么一节课，还没有完全意识到我要一直走这条路，将自己的专业发展定位在这个学科。当大队辅导员两年后，由于身体的原因，我又回来担任了班主任并教语文。我的主要研究方向就落在了语文上，也出了一些课。再后来，又教了道德与法治学科，当时我们学校有一位副校长，他觉得我当大队辅导员的时候，对于组织学生、主持一些活动有一些经验，临场和孩子们互动做得比较好，因为大队辅导员有这种德育的优势，他就引导我进入了道德与法治学科，开始时我其实是比较抵触的。

问：您再聊一聊您的心路历程，我对这个特别感兴趣。当时为什么抵触？

答：我当时是想报区里面的语文优质课，因为一直在研究语文，并获得了区语文优质课一等奖，所以想再进一步取得语文教学能手的称号。但是，那位副校长觉得我很适合道德与法治学科，说要不今年的区优质课你试试报道德与法治学科，我说我现在是教语文的，我就想把我教的语文学科给研究好。但是副校长认为我有前期的基础，也教过道德与法治课，觉得我很合适，让我先试一试。因为本身我可能也比较听话，虽然自己心里有点抵触，但还是很认真地去准备了。记得当时工作到了凌晨5点。自己对于道德与法治课并没有什么把握，也不知道该怎么上。上课时用了两次的小组合作，而且给学生补充了大量的文字资料，当时是讲六年级的课，关于水资源的，以文字的形式准备了大量的资料，大量的资料占用了很多时间，加上自己熬到了早晨5点，精力也不太行，上完了课以后，我印象特别深，区教研员是这么跟我说的，他说你再沉淀沉淀。因为当时对自己的信心不足，没有认定就要走道德与法治学科这条路了，所以听了他的话，觉得自己确实讲得不好，这个学科还没入门，就也没特别放在心上。后来还是这一节关于水资源的课，我又参加了一次公开课，公开课和当时优质课的教学设计就完全不一样了，融入了一些人体和水资源的知识，并搜集了一些有关水污染的视频、图片，这次的公开课就很成功，教研员对我态度也有了改变。教研员就说："你早这样上不就好了。"纯文字的资料对于学生比较抽象，学生被动地接受，难以理解。但是利用视频和图片，孩子们就容易产生情感的共鸣。教研员的话，对于我上道德与法治课是一种极大的激励，让我知道了原来道德与法治课是这个样子上的，我的观念也发生了转变，挺有意思的。应该说这让我从挫败感中走出，感觉自己得到了认可，这是第一次。后来又有了上道德与法治课的机会，也是个公开课，是四年级的一节关于交通的课，那节课就打磨得挺好的。再后来，因为这节课是和信息化融合的，使用了电子书包，甚至在一节市级的城乡交流课上，还用上了flash动画，用上了学生的小组合作的汇报，当时感觉有点入门了，应该说，知道了原来道德与法治课的教学形式是这样的。因为之前都是就一节课而备一节课，还没完全地站在课标，或者说育人指向这样的角度。之后我越来越有信心。我曾经上过一节名师开放课，得到了听课的老师，包括学校的领导，还有区里面的教研员的认可，他们都对那堂课评价挺高。那节课我添加了一些联系学生生活实际的内容，落脚在学生的真实生活中。一年级有一节课叫《吃饭有讲究》，我们吃饭一是要讲卫生，二是要注意用餐的礼仪。根据这些礼仪，我设计了一个小游戏，孩子们觉得很有意思。课上还融入了传统文化的内容，这节课也得到了极高的评价。自己当时也觉得可以走道德与法治学科这条路了。前期自己都是在被别人领着走的，是被人拉进门的，这个时候自己就有了一种意识，觉得可以走道德与法治这条路。对自己有点信心了。所以我现在给区里做培训的时候常说，想要上好思政课必须把握这三问，一是这堂课我讲的内容是什么，二是我这堂课为什么要讲这些内容，三是我怎样上好思政课。当时对于我要怎样上思政课，思政课的内容是什么，这堂课我应该怎么教，有点初步认识了，感觉自己可以向这个专业发展了。后来上的市公开课，感觉也挺不错的，还认识了教研员老师。对于我来说，参加市公开课是一个思想上的升华，让我更有信心了，最主要的是让我重新认识了思政课。我对思政课研究着迷是从参加省里的比赛开始的。我们小学这一课程一共有 12 册教材，省级比赛是从 12 册当中抽取 10 课，涉及一到六年级的课本，每册选一篇课文来备课，跟现在比赛的形式相似，是模拟上课，底下没有学生，时间是 10~15 分钟，但是，我们要用一个半月的时间来备课，进行教学设计。当时我们市还有两个参加比赛的教师，两个人一组，本来的意思是让我跟另外一位老师学一学，因为我当时也刚刚出过几次课，稍微摸着点道德与法治课的门道了，但还没完全钻进去。当时就想让我跟着教研员一起磨一磨课，学习一下。第一次的时候，我准备得比较好，另一位老师准备得稍微差一点。但到第二次的时候，他的课发生了翻天覆地的变化，让我看到了原来思政课设计思路可以是这样的，思路这么新，给我带来了很大的启发，包括他怎样设计了一条主线，把整节课串下来的，又设计了一些什么形式，小组合作该设计成什么样，真的对我启发挺大的，让我反思自己的教学设计。那段时间就像个码农，我每天除了吃喝拉撒睡，基本上就是坐在电脑前，每天都在备课，每天都有新的教案，在听了另一位老师的课以后，我就去重新设计我的课，我把这堂课以一条主线串起来，又重新设计小组的合作，修改我的语言，甚至每天都在更新这 10 节课的板书设计。实际上每节课是有限定时间的，我们讲的内容可能也就 2000 多字。用了一个多月的时间，我觉得自己进了门里了。道德与法治课对我的吸引力，加上争强好胜的心理，促使我不断改变自己。我想要改变，让我的思政课不断完善，我想要每一次都有新的内容，有新的东西。虽然那次没有获奖，有一点小遗憾，但是我并没有受到打击，因为在这个过程中我成长了，成长的意义大于获奖的结果。所以那次的经历，我最大的收获是成长。如果说原来备课，我还聚焦在怎样上好思政课，但是从那时起备课意义就变了。当时的比赛是层层选拔的，最后有一个大单元的教学设计，省教研员也参与了。我觉得，我们原来想的（其实也可能是老师们都有这样的想法）是怎样把这堂课上得出彩，上出花样来，而不考虑我这堂课的目标定位是什么，但在明确了目标后，我才能去选择用什么样的方式来上课。我对自己提出了三个问题：是什么？为什么？怎样上？参加全国性的选拔课，需要准备一堂大课，先要备课，做出课件，其间还临时找了道具，然后录课，不仅需要 6000 字的大单元设计，还需要一个时政述评，以及说课，三个视频加上 6000 字的教学设计准备了差不多一个月的时间，这个课最后又用了 6 天的时间做了修改，把之前的单元设计以及说课全改了。如果说前期是对我日常工作的锻炼，而这堂课是为我参加大赛积累了经验。在遇到大赛的时候，你怎样安排自己的工作，怎么做课件，你什么时候该做教具、怎么设计板书，怎么有条不紊地让自己把这些都准备好，这让我摸索出怎样在短期内准备出一堂课来。当时也获得了一个比较好的成绩，那时候心态转变了，感觉自己就是一名思政课老师，获得这样的荣誉，觉得挺骄傲的，有了一点成就感。

问：实际上刚才听您讲，您对这个学科的认同也需要一个过程，一开始觉得自己是语文老师，因此有一些抵触，慢慢地通过参加各种各样的比赛，对这个课又有了一些新认识，后来逐渐接受了，感觉自己是一名思政课教师了。您觉得在这样一个过程中，您的课堂教学方式或者您如何使用教材，有什么变化？

答：有很大变化，就像我刚才说的，包括现在的新教材，新课标下来以后变化也挺大的，原来在备课的时候拿到教材，我可能不会先去看书，也不一定看教材，我想的是这堂课我怎么上出花样来，上出亮点来，上出与众不同来，考虑的更多就是方式。我这一部分怎么设计一个小组合作的亮点，我那一部分借助什么样的资源。但是我现在备课，因为相对来说目标比较清晰了，也出了一本书，而且这几年我也翻过很多遍课标，对课标的5大素养点、内容和学业质量的评述都比较了解了。现在我再看一堂课的时候，教参是必看的，教参当中的每一句话我都会仔细看，这一单元前前后后的每一课，我都会看。单元中的每一个文字，我都会仔细研究。甚至连课例我都会去看。教材当中的每一句话，以及教参两边的批注我也会看。教参中会讲这一节课的目标以及主要内容，设计这部分内容的目的，这部分内容的定位在哪里。我还会看课后对内容的阐释和说明，以及可能的其他的资源，比如说可能会有一些现成的案例，有一些老师对这一课的反思，我都会去看。我从备一堂课转变为设定一个目标，一个育人的目标，而不是只为了备课而备课。还会考虑教材的编写者为什么要编这一节课，编这一课的出发点是什么，是不是我们表面上看到的这些内容，有没有一些需要我们深挖的地方，比如思维的转换点、情感点，以及是不是可以联系到生活中的一些矛盾，将这些挖掘出来，让孩子们深切感受。另外，现在教材的运用方式也有所变化，比如哪些策略我应该用，哪些策略我不能用，哪些图片我要结合学情来使用，或者哪些更适合调查，我会依据教材内容以及目标来选择策略，而不是策略在前，研究教学内容在后。我觉得这是一个非常大的变化。

问：这一路走来，您的成长也很大，或者说是进步也很快。在您看来，让您不断地往前走的动力源自哪里？就是在背后推着你往前走的力量，来自哪里？

答：我觉得如果是以前，出去上课这件事可能就是我的动力。而现在我发自内心地觉得道德与法治课很重要，这是立德树人的一门课，而且道德与法治课对于学生的日常生活（政治思想、道德修养、习惯养成、安全意识等方面）都很重要，引导学生学会做人。思政老师需要关注一些时事，包括国外国内的一些事件，教材编写的一些情况，要先教育孩子，学会做一个人，做一个中国人，做一个对社会有贡献的人。所以现在研究课的时候，我们不再用什么花样或者表象的东西，我们可能会深挖一些生活当中的真实问题，用真实问题的解决来培养孩子道德意识和价值观。

问：你们有没有一些案例，比如怎样去挖掘真实的问题？

答：今天我们正好说到了一节课，去年给我们学校的一位老师磨了一节获得市一等奖的优质课，这堂课设计了三个问题，一个小组合作的环节设计三个问题，其实挺矛盾的，我觉得是教研员带给我的启发。在参加全国比赛的那堂课中，就有这样一个环节，那节课我上的是《早睡早起》，我们经常会给孩子讲一些大道理，家长也会时常嘱咐孩子好好听讲，告诉孩子要早睡早起，可是为什么孩子要早睡早起？孩子可能心里会有这样的疑问：‘爸爸妈妈都还没睡，为什么我要睡？’我觉得这就是孩子心中的真问题、真情境、真的矛盾冲突点。所以我们需要在课堂上通过挖掘这样的问题，扭转孩子的认识，让孩子们有所转变。其实就是训练孩子的思维能力、判断能力、分析问题的能力，我们要告诉孩子，作为成年人，我们需要的睡眠时间是 7~8 个小时，但是因为学生还在长身体，睡眠要保证 9~10 个小时，这样才能满足身体和精神的需要，睡眠充足第二天才能学习好。我觉得从这些平时我们成年人忽略的问题切入，来教育孩子，孩子就会有深刻的印象，他们在做事的时候，可能不再完全效仿别人，而是想一想自己到底为什么要这么做，还是那三个问题：我该不该这样做，我为什么要这样做，我怎么能做得更好。其实就是教会孩子在做每一件事的时候，或者做人方面，要多动脑子思考。去年的优质课，我们讲的是五年级的“立己达人的仁爱精神”，当时留给备课的时间很短，只有两天。第一天晚上我们在学校研究到了 8 点，我当时就在思考一个问题，孩子们真的不懂仁爱吗？都懂。所有的孩子都懂仁爱，仁爱其实涉及的面很广，但是具体到每件事上，具体到我们生活当中，什么是仁爱呢？围绕这两个问题我们设计了三个问题，也就是三个矛盾的问题，一个是我们经常会遇到的一个问题，比如说发新书、新本子时，从前往后传，传到我这里那个本子坏了，或者看起来它不那么新，不那么完美，我换还是不换，我是把这本坏的本子自己留下，还是从中间抽一本新的，把这本不好的传给后面的同学，这是不是就涉及了仁爱？这是第一个问题。第二个问题就是：赔还是不赔？这个地方我又设计了两个角度，一是我把别人的笔摔坏了，二是有人把我的笔摔坏了。因为在教室里，我们经常遇到孩子不小心弄坏别人东西的事情，然后两个人闹矛盾，这是生活当中很小的问题，这时候宽以待人，也是仁爱的表现。我们就设计了刚才两个角度，启发孩子换位思考，以己度人。他把我的笔摔坏了，站在我的角度，我想他也许不是故意的，我原谅了他，我可以选择不让他赔。选择赔的理由又是什么？另一个孩子会想自己到底要不要赔，有可能那个孩子会想：我就不赔，我又不是故意的。现实生活当中肯定有孩子是这样想的，我又不是故意的，我为什么要赔？但是另一个孩子想他把我的笔弄坏了，我非要让他赔。那么，到底赔还是不赔？这是第二个问题。第三个问题是受当年沈腾在春晚上的一个小品的启发，扶还是不扶？这样我们就把发生在学校里的学生们身边的小问题放大为一个社会问题，年代不同，人的观念也不同。身边有老人摔倒了，扶还是不扶？因为我们看到了有些人的讹诈行为，我们不能接受，我们就要放弃这种仁爱之心了吗？我们不得不承认，在利益面前，确实有很多人抛弃了这份善良。那么在我遇到这样的事情的时候，扶不扶？我不扶，可能会有什么样的后果？扶了又会有什么后果？其实应该说是 4 个问题，因为赔不赔，把一个问题分为两个。在小组合作当中，孩子们写下了赔的理由是什么，不赔的理由是什么，到最后我们讨论到底该赔还是不该赔。这堂课的处理也体现了老师的机智，反映了孩子们的真实心理，正好有一个孩子，开始的时候，他说不应该赔，小组的讨论完了之后，老师又问了这个孩子，通过小组讨论你了解了很多，现在，你觉得赔还是不赔？这个孩子其实思想上并没有完全转变，但是，他说该赔，他在道理上或者说他的认知上，觉得应该赔，虽然他不情愿。所以这堂课就抓住了这样一个点，我觉得这也是孩子道德认知的转变，即使他内心还没有完全接受，但是他的思想已经发生了变化，我觉得孩子们的这种思想的变化，是道德与法治课研究的最大价值和动力。自己上过很多课，也帮别人磨过很多课，但是这堂课当中的几个问题我印象深刻，在这堂课中，你说小组合作的环节有花样吗？没有什么花样。但我们看起来很新颖，很简单的一个小组合作的活动，确实让孩子们围绕这些问题展开了讨论。我们市的优质课需要在室内进行展示，展示完了由老师来评价。有一位老师评价说这节课设计的几个问题很好，让孩子们回到了生活中，当他再遇到这种事的时候，肯定会想起来这堂课，以此来指导他的判断，指导他的行为。我觉得这种设计很成功。

问：在您看来，促进您成长的因素有哪些？

答：成长首先应该有学习动力，我觉得学和习是可以分开的。学是在学别人，而习是将学到的知识，内化成自己的东西，变成了习得。最初我去省里参加比赛就是去跟那位老师学的，学会了以后，我自己再来改，再来练，慢慢地变成了自己的。要想学好首先就是要有学习力，其次就是下功夫。你不去研究真的没办法成长。研究一堂课并不限于这堂课的内容，要准备的东西很多。比如说研究学生的调查问卷是一种研究，基于道德与法治学科，还要研究课标，研究教材，甚至我在备课的过程中，图片的选取、视频的剪辑、制作微课，包括使用什么样的学具教具，引用的传统文化，这也是研究。道德与法治课是具有时代性的，有文化底蕴的。所以，它是一个综合性的课程，它涵盖的面非常广。我讲仁爱精神的时候，需要研究传统文化，我去年讲六年级法治教育专册的时候，就真的去研究了法律，而且我为了上好道德与法治课，就想考一个法律职业资格证书，于是我就在网上报了一个班。参加法律考试，要学宪法、民法、刑法等，我自己会去学，我觉得要想给孩子讲透法律，不研究是不行的，有时候为了讲好一个知识点，我会在网上搜很多资料。有一堂语文课我印象特别深，为了给玩耍的“耍”字配一张图片，我翻了 100 多个网页。而道德与法治课，我要翻的资料就更多了，当时上《中华民族一家亲》这一课的时候，我翻了不知多少网页查找资料，甚至查询了政府的网站、微信公众号，我一直在看“学习强国”，因为那里随时能看到与新闻时事有关的东西。上《人大代表为人民》这堂课时，讲到人大代表评选的流程，我就上网上搜索最严谨的流程是怎样的。我们还搜集了选民证，如果不能亲自参与评选怎样委托给别人，什么样的人能委托，什么样的人不能委托，什么样的人有投票权，什么样的人没有投票权，我们进行了详细研究。

问：您讲得很好，我觉得您真的具备更高层次名师的潜质，我期待能够听到您更好的消息。我最近已经访谈了不少老师了，您跟他们有很多共同点，对这个学科的持续的研究，很勤奋很用功，在学生身上花了很多心思，我总结出了一些名师的特点，我觉得您在这方面潜力很大，期待听到您更好的消息。一定会的。

答：我觉得你的激励就是我最大的动力。

问：一定会的。很有用。

答：因为讲的都是自己成长过程中的故事，也不一定说得特别准确，我最近在参加培训的时候，听人家说一位优秀的老师一定是有故事的，我觉得自己也有成长的故事，以后有时间，我打算自己想一想，写一写，提炼提炼，我觉得自己的成长故事对于青年老师来说也许会有帮助。

问：平时有意地去写一写，这些经验对年轻教师还是很有帮助的。故事一定有启发性。

答：您这是先行一步，有机会的话我也想学习学习。您的文章对我来说也是指导。

问：是我们相互学习。行，我再梳理梳理。实际上在您讲的过程中还有一些问题，我觉得还可以深入地聊一下，我再思考，我后面如果再有想法，我再咨询您。

答：您可以随时问。

问：已经很晚了，谢谢您。老师再见。

代表性优秀教师访谈记录 2

问：老师您好，非常感谢您接受访谈，我在做一项关于小学道德与法治教师的研究，主要是研究优秀小学道德与法治教师的成长叙事，有些问题向您请教一下。您是从什么时候开始教这门课的？

答：我从毕业开始基本上就在教这个学科，二十多年了。刚毕业的时候，是从事语文教学，然后当班主任。道德与法治课过去是品德与生活和品德与社会，以前大多是让语文老师和班主任老师来教这门课，因为它有说理性，和孩子们生活习惯和思想品德的培养联系紧密，而我几乎一毕业就开始教这门课。我认为这门学科对我的帮助很大。我不仅担任语文学科和班主任这个职务，在工作过程中，我还干过大队辅导员，负责德育方面的工作。这门课程的活动性强，实践性要求也比较高，老师在设计课的过程中，需要搜集整理很多信息，课内课外要高度结合。所以干大队辅导员的三年，对我的帮助是很大的。后来我虽然回到了一线，继续教着道德与法治，也教语文兼担任班主任，但是那三年的德育工作，对我后来道德与法治专业成长帮助非常大。比如现在咱们区里做得比较好的某老师，她的专业发展非常快，因为她也在做德育工作，也干过辅导员、德育主任。德育工作不仅和学生的生活密切相关，还可以非常灵活、自然地渗透进课堂，所以对我们的成长有很大的帮助。

问：您刚才讲到了自己有语文教师、班主任和大队辅导员的经历，这些经历对您成为一名优秀的道德与法治教师很有帮助。您能具体说说是怎么给予您帮助的吗？您可以举一些例子。

答：比如说语文教学，就像教研员所说的，我们绝大多数曾经是语文老师，因为语文老师比较感性，语文老师的语言表达能力、语言的组织能力都较高，在对孩子进行道德教育的时候，可能对语言的生动性，包括对孩子循循善诱的引导，要求更高一些。所以我的课堂上，像教研员说的那样，语言的渲染力、语言的组织能力、教学设计中语言的衔接方面，相对好一些。再说班主任工作，班主任工作其实是德育工作中非常重要的一环，需要考虑孩子的方方面面，德智体美劳都会涉及。我们平时会有一个综合的评价和考量，品德教育一定是学生成长中最重要的一环，先成人再成才。当班主任多年来养成了一种职业习惯，就是对孩子的行为习惯的培养，尤其是小学阶段，是孩子良好习惯的形成期。我们做班主任需要关注孩子习惯的培养，包括生活习惯、学习习惯、人际交往的文明礼仪等，涉及的比较多，关注的比较多，所以拿到教材的时候，就要考虑到孩子的成长问题，以及对规矩意识的培养，比如校园生活的、家庭的、社会的。道德与法治教育是一个以自我为中心慢慢扩大不断成长的过程。其实道德与法治课程的逻辑，和班主任老师的工作（平时的这些不起眼的、扎扎实实的工作）很接近。所以我们在设计一些课的时候，比如说关于如何排队，对规矩意识的培养，关于公共生活的，这些内容就和班主任的工作联系密切。老师在设计教学的时候，他就能够关注到，比如说二年级的孩子在养成排队习惯的时候，他就会从学校里的排队联系到社会上的排队，课程的逻辑设计要更符合孩子的年龄特点，更符合孩子校园生活的现状。作为班主任来说，从事道德与法治教学具有得天独厚的条件，因为这个工作更接近学生，相对来说对学情的把握更到位，工作起来更轻松。在设计课的时候，很多真实的东西，就能够非常接地气地呈现出来。对于孩子的教育，班主任结合着工作经验，他能由1拓展到2或是3甚至更多方面。所以一直在班主任岗位上的老师，去教道德与法治特别合适。我曾经跟我们校长说过我的一个愿望，就是有一天学校能够让我去做专职的道德与法治教师，让我有更多精力来研究这门学科。我说我也希望能够继续担任班主任工作，因为当班主任是一个特别容易走近学生，走进他们心灵的一份工作，这对道德与法治教学有着特别深远的影响。

问：您讲得非常好。您简单说一说，您从一开始教，当然以前叫品德与生活、品德与社会，现在是道德与法治，您的心路历程是怎么样的？您当时是怎么教这个学科的？中间有没有过变化？比如您在教这门课的过程中，在20多年的教学过程中，对这门课，对这个学科的认识有没有一些变化？您对课堂教学，您的课堂教学方法，对教材如何使用，有没有一些变化？

答：要说变化其实挺大的。最早的时候，那时我才20多岁，真的没有把品德与生活、品德与社会作为重视的学科去教，大多是照本宣科。要说发展，我感觉这就是一个厚积薄发的过程。区里那个时候开始重视小学科，跟语、数、英三门主科搞教学比赛。领导可能看我综合素质还可以，或者感觉我是语文老师里性格比较外向的，也干过辅导员，在活动组织方面有点优势，就把任务交给我了。我开始认真对待这门课，还是因为优质课评比。如果没有优质课评比这个机会，我可能真的做不到。因为要参加区里的品德与社会的优质课评选，所以就自己开始摸索着备课，备完之后让主任听一听，然后就开始讲。第一次讲课我记得是参加区里的优质课评比，我参加品德与社会课的评比，很勉强地挤进了一等奖。比赛结束以后，我就发现这个小学科还挺有意思，为什么？因为我原来做辅导员的时候，主要是举办学校层面的各种各样的活动，德育方面的活动，还有学生方面的活动，搞活动搞得比较多。可能是性格的原因，我特别喜欢组织活动，有的老师一说有什么大型活动就很紧张，感觉压力很大，我恰恰相反，不能说是喜欢去组织活动，但是有活动了，尤其是学生层面的活动，德育上的、参观类的、实践类的，包括组织个晚会什么的，我都比较感兴趣。当时参赛的那节课，我记得是一节关于旅行的课——《四通八达的交通》，带着孩子们设计出旅行计划。这节课讲完之后，拿了个一等奖，也给了自己一点信心。我发现这门课挺有意思的，非常有趣，孩子们也喜欢上。最早的时候动力来源于成就感，我认为它和语文学科不同，它会引起孩子更大的兴趣，孩子们上这门课完全没有负担，课上他们会跟你特别轻松地交流，那种课堂感觉和氛围让我非常舒服。这件事过去之后，我就无声无息了，我还没有成长到能够进区里骨干队伍的程度，也没有那样的想法。几年之后，偶然的一次机会，也是我们校长给我的机会，省里举办优质课评比大赛，这个任务就落到了我身上。我要代表区里参加道德与法治优质课的评比，去参加市里的比赛。那个时候我很喜欢这门课，想法也很简单，就感觉这门课有意思，然后就开始去设计。我以前是一个上课很随性的老师，包括上语文课，我不喜欢被教案框住，哪怕我带着教案去，讲到最后往往把教案抛到一边了。我喜欢天马行空地讲，但是后来经过不断听课磨课，不断研究教材，研究各个教学环节之间如何衔接，整个逻辑层次如何梳理，我发现自己跟真正的名师、优秀的老师之间的差距还是很大的。无论是从课堂的语言，还是对教材的深入解读，对教学设计的把握，教学目标的达成，我跟他们还是有很大差距的。在一次一次的试讲过程中，教研员就像修枝剪叶一样，慢慢地打磨我教学当中存在的一些小问题。我发现自己真的慢慢成长起来了，课堂语言也变得规范了，哪些话怎么讲，什么样的问题怎么回答，自己慢慢地成熟了。当我站到了省赛讲课的平台上，我发现自己的个人能力，还有对于这门课程的理解，又上升到了一个新的高度。我到现在印象最深的是那一年我外出讲课，现场讲，其实压力很大，好多年没有讲过这样的课了。我是冲进了市里后，教研员又带我去了省里。讲课头一天抽完签之后精神压力很大，在宾馆里面一屋子人，教研员加上学校的主任，还有陪同老师一块在那里帮我备课，他们当学生让我来讲，压力特别大。第二天是上午第三、四节的课。从宾馆往学校走的路上，我突然就悟了，当时我和我们学校的分管主任是这么说的，我说不知道为什么，回顾我这10多遍的试讲过程，我突然发现结果已经不重要了，因为当时那节课讲的就是如何应对突发事件，为什么不重要了？因为我讲了这么多个班，包括当时在市里讲完之后，为了打磨这节课还去其他地方去讲，我当时就想，这节课受益的是孩子，跟这么多的孩子交流这个问题，孩子们的安全意识提高了，孩子们的应对突发事件的能力也提升了，这就是一件非常有意义的事情，我不再追求结果了。无论是一等奖、二等奖，对我来说都不重要，我觉得这是我对这门课认识的一次提升，突然之间心里面敞亮了，感觉这门课我在意的不应该是结果，而是它对于孩子们的意义。无论是对孩子的品德培养，还是行为习惯的培养，这是语、数、英那些课程带不来的东西，对孩子的影响是终身的。其间我有两年专职的经历，给孩子们上课，我最大的成就感来源于什么，您知道吗？因为那个时候专职教的班多，在校园里会经常碰到孩子们，他们总是离很远就喊我道德与法治老师，老师您好，可热情了，我那时候就发现我的课堂是受孩子们欢迎的。虽然我那个时候不教语文、数学、英语，我没有语数英老师有分量，但是孩子们是爱我的，因为他们认可我的课，或者说他们喜欢上我的课，作为一位道德与法治老师，这是挺有成就感的一件事情。

问：您讲得很好，您刚才讲到了很多的变化，比如说对这个课程本身或课程的性质或特点来说，您觉得这些年您的认识上有没有什么变化？

答：有变化。其实对这门课程来说，一开始我把它当作一门小学科，我讲优质课也更希望冲一冲语文。但是随着咱们国家的教育政策的变化，我认识到它是落实立德树人根本任务的关键课程。而且，现在的思政课已经成为一门对学生成长，对我们国家的发展而言特别重要的课程。所以思政课教师的作用也更为突出了。我们对这个课程的理解和认识已经上升到了一个非常高的层次，这一点很重要。我也在审视孩子们日常学习生活中的一些行为。有时候就想，如果这个班的孩子从一年级开始，每一节道德与法治课都非常认真地去上，他们的思想境界、行为习惯会提升很多。我认为我们必须把这个学科作为一个非常重要的学科，必须去认真对待。而且我们迫切需要一批素质优良的教师，能够有一批老师也是打心里热爱这门学科，真正喜欢这门课，去认真上这门课，如果他能专职去做，那是最好的。但说实话，现在老师们的精力真的达不到，很辛苦。

问：刚才是说的课程性质的变化，还有您刚才讲到的一点，我觉得很好。对于教材的分析实际上也有一些变化，就是一开始是什么样，现在是什么样，您可以举一些例子。一开始您是怎么用教材的？现在您是怎么来看待教材，怎么分析教材？您可以结合一些案例来说一说对教材的认识。

答：对教材的认识，其实特别简单。年轻的时候，需要我上一节展示课，一些公开课或者一些优质课，我一定是看一下让我讲哪一课，我去干什么。搜集一下教学设计，这是绝大多数老师最喜欢的做法。从网上搜五花八门的别的老师的教学设计，我感觉哪个环节有意思，我把它抠出来，七拼八凑出来一份教案，大概顺顺，如果比较符合我的感觉，就这样去上。对于教材的研究仅限于书上几个板块的内容，我是否都讲到了，对于教学目标的设定，教材当中提到了要完成的目标及意见，我就把这个罗列上，那个时候水平是比较低的，所谓的对教材的理解和设计，就是我把教材拿来用，参考别人的一些东西，再加入一点自己的灵感和想法，整理成一篇教案。后来开始跟着教研员磨课讲课了，教研员曾经问过我一些问题，比如：你为什么设定这个目标？孩子的认知水平和你设定的教学目标相符吗？也就是说你的教学目标是不是基于学情来设计的，于是我开始审视我的教学目标的设定：教材上有哪些内容，我们这一课要讲哪些内容，这些内容与孩子们有什么关系。我们现在的教材中，这一课有三个板块的活动，活动一、活动二、活动三加上活动园的内容。这几个板块中有一部分提到农村焚烧秸秆的情况。这部分内容可能更适合农村的孩子。如果在课程中，你认为这是教材上有的，必须要讲，还要看看它符不符合城市孩子的认知需求，如果不符合我们要达到的教学目的，是否可以找一些内容替换，这是对教材的灵活把握和运用。后期在给老师们备课的时候，我是这样跟我们年轻的骨干老师说的，我说现在你要讲这节课，我给你一个建议，你先去看教材，不要先从网上搜任何的教学设计。要先看一下教材，我们的课本当中，你要完成第几课时的内容。比如说《安全护我成长》这一课，“平安出行”这一部分的内容，“平安出行”是和交通安全有关的，我们的课本上涉及哪些方面，你先把教材吃透，这一课你看教材上大概要让孩子了解哪些交通规则，我们要遵守什么，我们做得好不好。关于酒驾，还有哪些需要补充的小的法律条文？这一课大概由几部分组成？你好好看教材，不要先去翻其他教学设计，再去研究教材，要先看看教材上对这一课究竟是怎样解读的。这一课教材当中提出的教学目标是什么？对于活动园，对于每一部分的解读，教材当中给了我们什么样的建议？我们应该怎样去落实？我们研究完教材要干什么？对照课标，我们要去把课标好好研究一下，课标当中要求这一课培养学生什么核心素养？有规矩意识的，有法律常识的，有生命意识的，有安全的，有生命健康的，我们把相关的核心素养找出来，再思考如何落实。回到这一课，我们根据核心素养的落实来制定教学目标，要靠什么来落实？第一看教材，第二分析学情。你制定的教学目标和你要执教的这个班的孩子的认知发展水平、生活学习情况要一致，只有这样，我们的教育才是有效的。在此基础上，我们再去考虑用什么样的教学方式来呈现，怎么凸显道德与法治课的综合性、实践性、活动性。我们可以再结合一下学校自身的特点，哪个环节可以体现出来，使我们的道德与法治课既上得扎实有效，又有特色。所以现在拿过一节课来，我可能多少会有一点自己对教材的理解和思考。这么多年来我由一个“小白”慢慢变成了会思考的老师，我认为自己还是有进步的，相对而言。

问：刚刚讲的是教材，还有就是这么多年的课堂教学，您有没有一些认识上的变化，或者是在现实中您的做法有没有改变，是怎么改变的？

答：我自己也在慢慢成长。首先，我认为一个老师的成长和他的性格是有一定的关系的，比如咱们的教育让大家都非常沉稳，对吧？一开始我教语文的时候，主任评价我说：“当你的学生不容易。”我说：“怎么了？”他说：“当你的学生一定都特别聪明，只要在你手底下两年，他们就会变成思维特别活跃的孩子。”我问：“为什么？”他说：“你说话时语速特别快，你的脑子特别赶趟，所以你的嘴巴非常赶趟，那些孩子要想跟上你的课堂节奏，得跟得特别紧，脑子必须灵活，像你一样。”其实我认为褒贬兼有，我得自己体会。我说话语速快是有问题的。再一个就像我之前跟您说的，相对而言，我过去属于那种不想被框住的老师，现在也没有被框住。比如说在教学的时候，环节和环节之间的过渡，设计的教学逻辑和层次一定要让学生非常清晰地感知到。或者说，我在做教学设计的时候，大环节之间体现逻辑层次的地方，我的总结性、过渡性、引导性语言，一定是要到位的。我认为这是我需要进步的地方，以前可能就比较随意，我设计了哪几个环节，这几个环节怎么走，我随便说。可能有时候讲着讲着就到下一个了，但是教研员就说：“你看你这句话意图就不明显，孩子就应该理解不了这个点，因为你的语言不够精炼，或者说你没有达到那个程度。”但是整体上，我的上课风格还是比较活泼的，我属于那种不管今天事情再多，自己再疲惫，只要一上了课堂，就会进入状态的教师，我会讲得很开心，会比较投入。相对来说，听我课的老师都认为我和孩子们之间互动还是很好的，我现在也在考虑一个问题，关于教、学、评一致化的问题：教师的教是一个方面，学生的学是一个方面，怎么让学生更快乐、轻松地学，同时把评价在课堂上呈现出来。我认为应该更扎实地或多动脑筋思考，把评价这一块做得好一些。不是仅仅停留在口头上的评价，哪怕是口头上的评价，它的多样性也有待进一步提高。其实这么多年，我也形成了自己的教学风格，我属于亲和力比较强的老师，语言感染力强的老师和孩子的互动也比较好，要说自己做得比较好的，不谦虚地说，我对孩子的关注，还有对课堂生成的一些东西把握得还不错，比较真实。现场生成的问题还能够抓住，有些问题并不是按照教案按部就班出现的。出现一些特殊情况的时候，我还是能够及时抓住的，能够真正解决一些问题。我认为自己这么多年多少有了点进步，关注孩子方面做得还可以。

问：您刚刚讲到抓住课堂中发生的一些生成性的东西，或者是一些特殊情况，您处理得挺好，你能不能举一些例子，比如说课堂突发事件。

答：前两天我们学校录制的区里的一师一优课，现在也推到市里去了。我和两位校长三个人分别执教了一节课，我执教的就是《安全伴我成长》里面的“平安出行”和“不让溺水发生”。在平安出行当中，刚才给您提到了这是关于交通安全的。我说一个最近印象比较深刻的例子。在课堂设计当中，“平安出行”是从孩子们的交通出行方式入手的，你每天是以什么样的交通方式出行。比如说，有步行的、有乘坐电动车的、有乘车的。步行的这一部分人由步行讲起，就提到了如何在路口安全通过的问题，比如有没有红绿灯。因为三年级孩子认知水平比较低，我们从基本的讲起。其中有一个环节，来到一个大的路口，为了给孩子们讲关于安全岛的知识，我出示了一个带有安全岛的大路口，我就问孩子们：“同学们，我们来看，这个路口比学校路口大多了，如果大家过红绿灯路口，你走到一半了，绿灯突然变红灯了，你该怎么办？”有的孩子说：“老师，我站着不动了。”我问：“你不动了行吗，同学们？”别的孩子可以接话：“老师，不行，他站着不动很危险，他可以继续通过马路。”本身这个环节下面是什么？引出安全岛。孩子们会说：“我走到这个图上环形位置的中间区域，站在这里不动了。”老师引出来安全岛是什么，给孩子们讲解安全岛的作用，安全岛的作用讲完了之后，要给孩子们出示交通法规里面关于过马路绿灯变红灯的时候，我们可以继续通行的一段文字。本身教学流程要是按照设计好的是这样的，但是恰恰在这个时候，孩子们就出现了意外情况了，有的孩子先说了：“老师他不能站着不动，他要继续过马路。”我问：“那怎么继续过？”如果按照孩子思路继续走，很好，交通法规就可以引出来了。但是有一个孩子说了："老师，我折返走回去。"一下子就把我刚才那个思路打断了，要是几年之前的话，我可能就会说不同意，就拽回我的那个线了。但当时我就问大家："同学们，大家认真听，他刚才说的什么，他要中途走回去可以吗？"同学们说："不可以，太危险了。""为什么不可以？"孩子们接着说："因为对面的绿灯已经亮了，对面车辆已经开始走了。"我说："对，同学们，此时此刻你中途折返比你观察好左右继续往前走，还要危险。"把这个问题打结完了之后再回来。有的同学说停到这里，能不能停下不走？有同学说不敢走了，车辆太多了。"同学们来看这张图片，在大路口，我们停在哪里最安全？"孩子们终于观察到了安全岛，其实这个班的学情一般，就是有点费劲，但是无论怎么样，我们得耐心地把这个知识点给他讲明白。孩子突然问："老师，可以站在这里？"有一个孩子说："老师，这个地方好像就叫一个什么岛，我妈妈说过。"我说："对，它就叫安全岛。我们一起来看看安全岛的作用。"播放录音，孩子们了解，来出示交通法规。出示完交通法规之后，又一种情况出现了，我又换一张图片来问孩子们："同学们，看，不是所有的大路口都有安全岛，瞧那个路口就没有安全岛，如果你过这个路口，走到一半绿灯变红灯了怎么办？要不要继续过马路？"孩子们就会联系前面："老师，交通法规当中说了可以继续过，观察左右来往车辆。"有的同学说："老师，我不想过，我还是不敢，我自己跑过去，车那么多那么快，他们不等我，怎么办？站在哪里？""我们知道两个车道中间会有一条实线，交通法规规定了，可以站在道路中心线位置等候。”就这样引着孩子一点点把它讲出来。还有关于戴不戴头盔的问题，我在课前做了一个小调查，上课时又问了乘坐电动车的同学，平时坐电动车戴不戴头盔。我说戴的举手，他们都举起来了。这是第一个问题。我又问第二个问题："你每天都戴头盔吗？每天都戴的同学请举手。”就开始有不戴的，有不举手的。我接着问："谁做不到每天都戴头盔？”有的同学举手了，我就随机采访："请问你为什么不能每天都戴头盔？你不戴头盔的原因是什么？”有的孩子说："夏天太热了，戴头盔太闷，所以不戴了。”有同学说："他们家里就一个头盔。”有的孩子说："妈妈嫌麻烦。”有的孩子说："因为没有警察叔叔检查。”好，问完了之后我们做了一个戴头盔的小实验，让孩子们感受到正确佩戴头盔的重要性，观察完实验谈感受，谈完感受之后，我紧接着上面的话题创设了一种情境来问孩子们："同学们看完这个实验，此时此刻你还会因为有警察叔叔的检查才戴头盔吗？”孩子们说不会。"你还会因为怕闷热不戴头盔吗？爸爸妈妈不让你戴头盔，你应该怎么办？”同学说："应该告诉爸爸妈妈，每次出门都要戴头盔。”当时教育的效果就出来了，课程结束以后，我第二天还会到班里随机做一个调查。"同学们，昨天老师讲完课，你回家有没有跟爸爸妈妈讲一讲最典型的戴头盔知识？有没有让爸爸妈妈在家里准备一个头盔？”上周一早晨上班的路上，我看到我们班一个小男生和他妈妈骑着电动车从我前面过去了。我发现他和妈妈都戴着头盔，我到了班里就当着全班同学把这个孩子叫出来，我说："今天我要表扬某某同学，为什么？因为今天早上老师在上学的路上，看到了他和妈妈全都戴着头盔，太棒了，老师讲的知识全听进去了。"我还隆重地奖励给这个孩子一颗大果子，全班同学都鼓起掌来。第二天就有好几个孩子下了课跟我讲，现在上下学也都戴头盔，开始主动来跟我说这个事情。所以我认为课堂上知识也可以有延伸，老师要把它把握住，同时一定要把教育效果落到实处，不要放过任何一个教育的机会。

问：我们再问下一个问题，您在成长的过程中，什么推动着您一直往前走，或者您的成长动力有哪些？

答：成长的动力，首先我对这门课程是比较喜欢的，个人的喜爱一定是最基本的动力。我对这门课程不排斥，或者说我对它比较喜欢，这是最基本的动力。再一个，学校领导也支持我，前期不管我的理论基础够不够扎实，教学水平有没有达到要求，都会给这样的学习机会。我的成长离不开学校领导的大力支持。我们学校的教学氛围，相对来说是非常积极向上的，在大环境下，我也在努力地跟上学校发展的步伐。再往大的层面说，我认为我们区教育局，尤其是道德与法治这个学科，有一位好的教研员，她自己就特别优秀，她对这个学科有自己独特的想法，并且热爱这个学科。我有幸进入了骨干教师队伍，随着我的成长，不断地参加区里、市里各种各样的教研活动，以及大大小小培训，不管我是聆听其他专家的培训，还是自己作为培训老师去给区里的老师讲课，对我来说，这种磨练、打磨、思考、研究，都是我快速成长的动力。我慢慢地发现，这门课程特别有意义，我越来越喜欢在这门课程上下功夫，愿意与更多的老师分享这门课程的魅力。在老带新的时候，包括跟着年轻老师一起磨课的时候，虽然过程特别痛苦，但是当他们站在课堂上呈现出这节课好的想法时，看到孩子们成长时，我感觉特别有成就感。无论是自己讲还是年轻老师讲，我都特别有成就感。

问：您刚才讲了好几个，我觉得都讲得非常好。一个是对学科本身的这种喜爱，再就是领导的支持。您能不能讲一讲领导是怎么支持的？学校方面是怎么支持的？刚才您也讲到了一些，能不能再展开讲一讲，比如说学校的支持，再就是教研员，他们对您的成长有哪些帮助？

答：学校层面的支持。首先，促使一个老师最快成长的肯定是优质课的评比。现在道德与法治学科的优质课评比机会基本上全都是我的，不会考虑第二个人。领导都会鼓励我，而且我们学校的领导特别给力，对道德与法治学科非常重视，学校的主要领导，还有中层领导，教副科的领导绝大多数都在教道德与法治课，所以学校的教研氛围很浓厚。我并不是在孤军作战，我参加优质课的评比也好，参加区里的发言也好，我们都是一个团队，是业务校长在带着我们没白没黑地磨课。在这种磨课上，在外出参赛上，我们是有底气的，我会感觉温暖，觉得自己很有力量。因为我背后有一支强大的团队，他们在支持我，他们跟我一起磨课，跟我一起研究教材，跟我一起加班加点，他们跟着我试讲，一遍一遍地打磨，就是这样一种工作状态。所以说这是学校在督促着我往前走。再一个是很多的评比机会，包括很多的外出培训，区里、市里甚至出省的，只要是和这个学科相关的，在条件允许的情况下，领导一定会把这个机会给我，让我外出学习。我回来之后，会把一些知识理念或自己学到的东西和大家分享。我们学校的领导特别重视这门学科，我们有着特别优秀的教研团队，我还有很多的学习机会，我认为这是学校层面上的，很重要。从教研员的角度，她是一位特别好的教研员，她崇尚真善美，这在她的身上体现得特别明显。她跟我们骨干老师的交流就像亲姐妹一样，特别真诚。一节课，教研员可以十遍八遍地听我试讲。除了那次省里的优质课，我们学校还举办了一次大中小的思政一体化建设活动。我讲的是一个读本的课，当时给我的时间是 25 分钟，我在正式讲课之前，试讲了九遍，正式讲课是第十遍，前九遍教研员都在试听，并逐字逐句地改，手把手一点点地把我带起来。我们区里的教研氛围也特别好，我们的骨干教师群，都要跟上所有的学习，都认真对待所有的培训。我们区里的一年两次的集体备课，教研员也非常重视，我们会有梯队，我们的道德与法治群里分低、中、高三个阶段，我们几个骨干老师根据自己的教学实际情况，分成几个梯队，分别来备课，大家打磨，然后给全区老师展示。展示完之后再复盘、再反思，下一次集体备课时，我们再根据教材的调整、课标的要求或者实际情况进行调整。其实我们的骨干老师就是在教研员的带动下进步的，她拽着我们，努力地拽着我们，拎着我们往前走。我们跟紧了教研员的步伐，在团队中一点一点地进步和成长。

问：挺好，感觉你们整个团队的氛围非常好，大家亲如一家，关系很融洽，这种氛围非常好。对这个学科来说是一个喜事，很值得庆幸的一件事情。

答：确实是这样，我们这个团队特别好，我也很庆幸身在这么优秀的团队里面。

问：还有一个问题就是您在专业成长过程中，有没有遇到过一些困难？您是如何克服的？

答：最大的困难就是精力有限。学校领导的支持有了，上级领导的伯乐作用也有了。我最大的问题是有时候精力达不到。所以其实我也无数次想过，如果有一天我能专职，静下心来教这门学科，是一件多么美好的事情。现在说实话有点惭愧，在日常的教学中，虽然我可能讲得也很生动，也很开心，但是你想，一节常态课能够上得像公开课一样，其实很难做到的。毕竟很多的精力还是会放在语文教学上，其实这也是绝大多数的道德与法治老师面临的情况。人的精力是有限的，克服这个问题的办法很简单，就是拼，成绩也好，进步也好，都是拼出来的。我印象最深的是讲省课的时候，我的孩子也就六七岁，我的状态就是白天把学校里的事情全部做完，晚上回家吃完饭之后，把孩子安顿好，就静下心来备课。所有的思考和成长都是在夜晚，那几年就是这么拼出来的，所有的优秀老师基本上都是这样，真正能静下心来思考的时候，永远不是在白天常态化的工作当中，而是回家以后或者是节假日的时间。

问：最后一个问题，对于道德与法治教师的成长，假如请您提一些建议，您觉得哪些地方需要改进？或者是他们的成长需要什么样的条件？需要什么样的政策支持？您想到什么就说什么。

答：如果想让这个学科真正地优秀起来，一是配备专职老师，我认为应该注入新鲜的血液，有一批值得信赖的专职老师是非常重要的。二是凸显这门学科的作用和价值。家长们对这门课的认识还不够，课程的实践性难以提升。比如，这节课都是一些说教性、说理性的东西，我给孩子们讲通了、讲透了，还布置了实践性的作业需要孩子回家去做，比如说家务活的清单，比如说 21 天养成一个好习惯——打卡，我设计一个表格放到家长群里，或者发给孩子们。怎么让孩子们在课上习得的知识内化为他的习惯？真正的内化实际就是知行合一，如何做到？是不是需要家校合作？但是往往很多家长不会配合老师做这项工作，因为他认为这是个小学科，在增加他的负担。家长还认识不到道德与法治这门学科对于孩子成长的重要性。其实这门学科真正拓展性、实践性的活动，或者说是在践行上能够做到的、落实的东西还是有点弱。我感觉有两个问题目前比较突出，一个是师资上的问题，一个是怎样让它不再单纯的是一门说理性的学科，而是落实到行动上，下一步在践行方面应该怎么做，或者怎么让它更行之有效，我觉得其实这是一个值得研究的问题。

问：还有一个问题，因为这是一门开放性的课，所谓开放性就是跟学生的生活，包括跟学校的一些活动，是有着紧密的联系的。您在上课的过程中是怎么把这个课跟学校的一些活动联系起来？有没有做一些尝试？

答：其实我们学校的德育活动和道德与法治课程的联系是非常紧密的。举一个最简单的例子，我们学校前两年开展的《厉害了我的国》系列活动，在道德与法治课程中，如果和国家相关的内容，我们基本上都会把学校的活动引入。比如说需要拍宣传片，我会在道德与法治课上截取一个片段去讲。还有关于班级的活动，比如设计班徽。我们学校每个班都有特色班服，我会让孩子们回想一下，当时我们班的班服是怎么确定下来的？我们的班服上写了什么字？当时我们是怎么确定的？班服上的图案，当时是在班里征集的，最终定下来用了谁的图案作为班徽？从班服上班徽的图案设计，到班会的主题，设计班徽需要有哪些元素？包括一些环保方面的，讲"地球发烧"的内容时，从白色污染说起，会让孩子们联系学校里组织的一系列植树活动，垃圾分类的活动等。像我们学校的垃圾分类，下面都有示范角在，有的时候在大课间，我就带着孩子们去东操场角上看看垃圾示范点。从白色污染说起，我们了解怎么让垃圾正确地找到它的家，怎么分类，现场讲完，再去上课。再一个为什么说做班主任有着教道德与法治课程得天独厚的条件，因为我们学校每个班每学期至少组织一次外出实践活动，像我们班就去过气象馆、博物馆、生态园，还有消防站、中医药馆。在道德与法治教材当中，这些内容都是相关的，包括烈士纪念馆，这样咱们五年级上下册关于党史教育的内容不就很自然地融入课程了吗？这样讲的时候很容易，非常契合，很好联系。

问：太感谢您了。

答：别客气。反正我也是想到哪说到哪。不过这确实是我特别真实的成长经历，这么多年来确实是这样的。

问：我觉得收获很多。特别是通过您，我对这个课有一些新的认识。真的很感谢您。

答：能给您稍微帮上点忙，哪怕对您这个研究能有一点点的帮助，我也感觉挺好。因为您这个研究对这门课程意义很深远，我觉得受益的是孩子们和老师。所以说先得感谢您。

问：希望能有这样的效果，谢谢您。

代表性优秀教师访谈记录 3

问：老师您好，非常感谢您接受访谈，我在做一项关于小学道德与法治教师的研究，主要是研究优秀小学道德与法治教师的成长叙事，有些问题向您请教一下。您是从什么时候开始教这门课的？

答：这个太久远了。我想想，到现在已经 20 多年了。

问：中间这些年一直在教，是吧？

答：几乎没有间断过。其间怀孕生孩子，有了宝宝之后，大概有一年的时间没有教，后来我自己又要过来了。因为我年轻的时候是班主任、语文老师，那个时候这门课叫小学社会。结婚有孩子之后，有那么一段时间，我觉得精力不够，但到现在我一直在教，时间跨度比较长。

问：您一开始是怎么接触这个学科的？

答：我一开始是教语文的，因为我换了工作单位，新学校恰好不缺语文老师，当时有小学社会课教师的岗位，我就当了一年的专职老师。我的语言素质、教学基本功还算好，那个时候也很年轻，20 岁出头。那一年恰好有优质课评比，因为我是专职老师，而且年轻，就参赛了。很巧，我当时还在镇里，后来从镇里讲到县里，从县里到市里，又到省里，一直到得了全国一等奖。从赛课的角度看，我起点很高，当时对于我们这个小县城来讲，一下子出了一个全国讲课比赛的一等奖，到今天没有人超越，还是挺轰动的，我记得当时电视台还做了一个小新闻。有赛课之后，到现在改成道德与法治学科，我也没丢下，我带着课，带着我的工作室从没想间断。说实话，很多人可能赛课结束之后就撂下了，我就没有撂下。讲了这个课之后，可能很多人说如果再有类似的赛课，或者公开课什么的，就会很功利地去想，我晋职称拿这个证有没有用，参加这个活动对我未来的考核量化有没有用。我没这个想法，我就觉得所有的活动只要有我就参加，这么多年就这么过来了，就这么简单，也没有什么复杂的经历。

问：一开始您教的时候有什么感受？刚开始让您做专职的教师教社会课，您有什么感受？

答：不接受啊，肯定不接受，刚开始的时候觉得在一个乡镇的学校，也没有那么多新的理念，我最起码应该教语文，因为它是主科。但是后来发现这门课挺好，就一直在教这个学科。但其实还是有想法，还是觉得语文学科比较重要，对于一位老师的成长来讲，在语言表达或者教学技能方面，它是有帮助的。后来，学校有了语文老师的岗位了，我还纠结了一下，跟我们县里的教研员沟通了一下，问我要不要带语文学科，我讲课拿到了这么好成绩，我是不是可以专门带这门课。当时教研员给我提了个建议，他说："对于一位老师的成长来讲，其实语文学科挺锻炼人的。"所以到第二年的时候，我就开始带语文课，同时还带着社会学科，后来几乎没有间断，再到后来，我慢慢地就把语文放弃了，现在专职教道德与法治。

问：我刚才听您讲一开始不接受，您是怎么慢慢地接受这个学科的，或者是觉得这个学科还不错，或者您是怎么一步一步认可它了？

答：这是一个过程，就是在不断参加活动的过程中，我发现这门学科是更贴近生活，或者说它融合了很多东西。有时候我觉得它像一个大筐，装的东西特别多，而且你必须了解好多东西，才能把这个课教好，我觉得挺有意思的。另外，我印象很深的是有一年，市里把乡镇的教研员组织起来进行研修，市教研员曾经做了一场报告，叫"小学科，大作为"。到现在聊起来的时候，我还会用到这篇报告的名字，最初大家对小学科不那么在意，他就讲"小学科，大作为"。我觉得那个报告对我影响挺大的。成长为骨干教师之后，才慢慢发现，一个是学科的魅力，一个是一种成就感。你陪着学科成长的过程当中，还能带动周围的人成长，这是个挺有意义的事。

问：在您的成长过程中，您觉得有没有一些很明显的痕迹和经历？从您这 20 多年的专业成长来说，一开始是什么样子，慢慢地发生了一些变化，现在，有没有一些在您看来是一些阶段性或层次性的变化？包括您对学科的认识，您自身教学水平的提升和改善。

答：你说真要是划个阶段，似乎也不那么清晰。但是这种成长，当回过头去看的时候，可能不知不觉间就成长了。先说第一个阶段，第一次参加赛课的时候，是我参加工作的第四个年头，特别稚嫩。我为什么能够在赛课中得到一个好成绩？不是因为我优秀，而是因为背后的团队优秀。用教研员和指导老师的话讲就是我比较机灵，接纳东西相对比较快，我眼里能够看到孩子。因为赛课只有 40 分钟，而且我心理素质挺好的，我当时是一个才工作 4 年的农村女孩子，但是在我们县里脱颖而出了。等到了市级这个层面的时候，是教研员手把手地教我。因为我是我们那个小县城当中，小学段第一个被推到省里赛课的，市里的一等奖其实很难拿，但是我为什么能够在赛课中表现得比较出色？一个是认真，更多的是背后教研团队的帮助。当时县里有一个比较有想法的老教研员。他对这个学科的认识在当时还挺优秀的，所以是他带出了我这么个选手。而我又是那种比较认真的人，我能够把教研员的意图在课堂上很好地表现出来，仅此而已。我记得当时省里的优质课好像是在某地举行，我到省里去赛课的时候，都没见过电脑，但别人当时已经用电脑去播放课件了，我一个农村出来的孩子都没见过那东西，而且我在听课的过程中，我听不出哪一节课好，就这么简单。那个时候是身边的指导老师把我拉到这条路上来。到了第二个阶段，当我取得了赛课的成绩之后，我就有了很多的机会，比如说市里在做活动的时候会邀请我来讲个公开课，慢慢地，外出学习的机会多了。在这个过程中，对于一般人来讲，你再让他去赛课，他可能脑子里会想很多：你都已经赛到全国一等奖了，你再去赛课，如果连市里的一等奖都拿不到，怪难看的。但我没这个想法，我觉得有机会就要抓住，叫我上我就上，叫我讲我就讲，就这么一种心理。后来，我就开始评省里的教学能手了，当时我觉得自己可以独立了。因为当时评省教学能手的时候，一方面你要进行一个 PK，另一方面又有现场的课例展示，我觉得那个时候基本能独立备课了。当时只有一个同事陪着我，市里的教研员都没跟去，顶多就是打个电话沟通一下，问问教研员这个思路行不行。没想到最后竟然评上了，到今天我都留着那些材料，再回头看时，感觉能说得过去。我是从零起步，到后来能独立备课的这个过程当中，一直在参赛，那个时候对课题的要求没那么高，但是也做课题，既做省里的课题，也做市里的课题，还会做典型发言，不停地参加活动，也一直在进步。我是从县里一步步 PK 出来的，从自身角度来讲，我可能已经是一个独立的骨干教师了，再往后，我就有了自己的名师工作室了，这时，你就会发现带动着别人成长也挺好。在这个过程当中培养出来的教师能够参加市优质课评比，拿到这个学科一等奖的老师有七八个，我们学校参加省赛课的有三位老师，去年有一个老师得了省一等奖，有一个得了二等奖，还有一个是三等奖。对一个小县城来讲，这其实很不错了。除了这三个，市一等奖有四五个，其实把这些选手带出来，陪着他们成长，自己也在成长，这算第三个阶段。现在是第四个阶段，特别是教道德与法治这两年，对新课标发布、大单元教学评这些，我自己感觉是努力地跟着节奏走。我用了一个被动成长的方式，就是在市里的工作室，跟市里教研员一直保持着沟通。为什么又做工作室？很简单，我只有带着工作室，才能逼着自己学习，你要给大家布置任务，你就自己总得学一点。至于我现在的工作状态，你要是跟我说，我们这个新课标都发布了这么长时间了，讲讲这个学科究竟是什么性质？我不见得能背上来，但我还是有很多观点，或者是去看课，好像是一种潜意识的认知。这么多年了一直在研究这一学科，尽管换了新课标，我可能记不住一些东西，但是理解起来很容易，就是这么个感觉。其实我也很清楚现在欠缺什么，欠缺一些理论的支撑，最关键的是，不能做课题。成长的过程基本就是这样，非要分阶段来说，第一个阶段就是指导老师拉着我这个小白糊里糊涂获奖了。第二个阶段就是我不断地参加活动，在参加活动的过程中，认真地备每一节课，一遍一遍地改稿子，遇到问题虚心请教，逐渐成长起来。第三个阶段，我成立了工作室，带着大家成长。也因此，我在我们这个小地方被很多人知道，被认可，也被裹挟着做了一些原本不想做的事情。现在是第四个阶段，我努力带着工作室，工作室也拽着我往前跑。

问：很好，您说的都是宝贵的经验。您刚才讲的4个阶段，我觉得非常好。您在这4个阶段中，对这门课的认识有没有变化？刚才您讲了一点，一开始您的动力可能来自教研员，教研员指导您怎么做就怎么做，但慢慢地就知道自己该怎么做了。那么在后面有没有一些更加显著的变化？

答：第一个阶段时的我像一只稚嫩的小鸟，张着嘴等着人家喂。人家给我什么，我就展现什么，一种被动的接受，只是展示老师给我的那些东西，我把他的想法在课堂上完美展现出来，我就像是一个演员。第二个阶段的我在读课本、教教材，我去研究课本，研究教学用书，那时电脑都还未普及，收集资料相对困难，更多地靠经验的积累，是一个教课本的过程。第三个阶段，我认识到这是一门综合性的课程，跟生活联系密切，我开始组织丰富多彩的活动，尝试着把教材的内容跟生活联系起来，努力把生活拉到课堂上来。

问：您现在怎么使用教材？

答：赛课时，如果单纯赛课，我可能还要犹豫如何运用教材，这个地方我取还是舍，但是在日常的教学当中，有一些知识点是我必须要讲的，但是我更关注孩子的生活，我想达成这个目标。比如，二年级上册第一单元讲的是孩子愉快的假期时间怎么安排，我会根据班里学生的情况去讲，关注孩子的当下。

问：您现在主持的工作室都是怎么运转的?

答：我把教师们分成4个小组，每个小组都有指导老师，我把这些年培养出来的骨干老师都留了下来。将他们分为3个级别，第一个级别是组长，他们也是指导老师。每组有1个组长，第二个级别是成员，是我上一期工作室当中表现优秀的，每个组里有2名成员，也就是1个组长，带着2个成员，他们再带6个学员，也就是我的工作室第二期的学员。我对他们没有硬性的要求，有很多时候是因为感情，因为我在当地算是小有影响的，所以会有很多的年轻老师愿意加入这个团队。启动任务之后，我让他们做的第一件事是研究课标，这是要做测试的。我们县里9月份有优质课评比，会有课标的测试。首先是考课标，考课标不是背，背过了没用，因为不理解不行。想理解课标，就必须去学，你得读，你得去听专家的报告，你得去看课题，这是第一个事。第二个事是我们选了两个单元，因为暑假的时候市里固定安排我们教研员研修，市里做的是教学评一体化，我想跟教研员商量和市里一起做基于教学评一体化的大单元教学研究。所以我们就选了其中的两个单元，一个是一年级的，一个是四五年级的，一个低段的，一个高段的。其间，我们会做大单元教学的展示，从课改的角度讲，教学评这一块是必须关注的，然后就是大单元了，因为道德与法治本身就具有生活性、活动性、综合性、实践性，就是走在语文学科和其他学科之前的，现在尝试着在其间践行新课标的理念，基本上是这么个思路。

问：我觉得做得挺好。您这些年肯定也培养出了一批优秀的老师，在您看来他们都有什么特点？您刚才说觉得那些组长和小组成员很优秀，就把他们留下来了，您觉得他们都有什么特点？他们在成长过程中经历了什么？

答：我觉得他们能坚持下来有两方面原因，一是真的通过对这个学科的研究成长了，进步了，很功利地讲，他们得到实惠了。就像我们学校，有三个老师晋职称了。一个工作5年的小姑娘，获得了小学中级职称。今年又有一个小姑娘，因为跟着做项目，仅工作6年就评中级职称了。甚至她以后晋副高职称也会很轻松，因为她在这个学科一直很努力，她很用心，这个过程确实很辛苦，你要参加活动、要赛课。从功利角度讲，她受益了，这会推动她向前走，使她不愿意放弃这个学科，从另一个角度，也有很多老师不讲究功利，他只是想把这件事很认真地做下来，一直做，这样，他慢慢地也成长为学科中的骨干教师了。我的工作室分了4个组，其中3个组长与指导老师是我们学校的。形成团队之后，团队的力量也很重要。我现在离开原来的校区了，可能给他们的指导就少了，但是他们已经形成了自己的小团队了。再做活动的时候，几个人凑在一起就能进步，团队成员互相影响的这种力量很重要。除了这些，还要有坚持不懈、持之以恒的精神。因为这种成长带来的收获是实实在在的，可能是物质上的，也可能是荣誉，这都是成长的动力。

问：您刚才讲到团队的力量，这种团队平时是如何发挥作用的？说您在工作中发生的事就行，也可以分享一下您指导的例子。

答：我在之前校区的时候，基本上已经形成了一个骨干教师团队了，团队中有 5 位老师表现出色，其中，带头的这个老师是上过全国公开课的，是市里的教学能手，当时赛课得了省里二等奖。这么多年他一直跟着我，40 多岁了，也是校区的带头人。另外一个年龄跟我相仿的老师，他基本是通过赛课走出来的，因为赛课最能体现课堂教学的水平。他能拿到一个证书，他接触了这个东西之后，发现这个东西挺有意思，就一直在坚持。还有一个年龄跟我相仿的，但是语言的基本素质较弱，他拿到的是市级赛课的二等奖。这两个人年龄相对较大。有一个小姑娘去年得到省级一等奖，语言素质挺高。还有一个小姑娘刚刚拿了市级赛课的一等奖。比方说，在参加省级赛课的小姑娘参赛过程中，这个小团队是全程参与的，省赛课一共赛了一次课，讲了三节课，三个课题，其实这个过程是特别煎熬，也特别辛苦的。因为它不仅是赛课，它还涉及整个单元的设计，它有理念的说明，很麻烦的。也就是说既要有理论，又要有实践，而且这个东西只有团队才能做出来。所以最后赛课获得的证书上，写了不是一个人的名字，是四五个人名，是一个团队。赛课的过程，可能也是老师搜集资料的过程，还需要纳入一些生活当中的资料。我们是有专门团队的，有的老师在帮她收集资料，有的老师帮着做课件，大家一起来做整个大单元的教学设计，去完成一些文字性的东西，这必须要由一个团队来做。这个团队当中有一个小姑娘，一直在为省赛课的老师提供帮助，她本来是一个普通老师，跟了一段时间之后，学了好多的东西，后来也参加赛课拿了一等奖。还有一个小姑娘，她没参加过赛课，但是因为跟着这个团队一直在成长，对这个学科也越来越了解。所以今年就加入了我的工作室。她今年可能也会参加赛课，这个小团队会给她支持，给她帮助，她会慢慢成长。所以说团队很重要，成员间会互相帮助、共同成长。我们的团队一起做过课程资源开发，都是团队的骨干力量，大家互相支撑着，一起往前走，我们就是这么一种状态，互相鼓励、互相支撑。团队中每个人都有自己的优点，有些人擅长做这个，有些人擅长做那个，可以互相补充。我们会把这些老师分散到不同的年级。我曾经跟校区的某老师说："你这个校区有 6 个骨干老师就够了，有这么一个小团队了就够了。每个年级能有一个骨干，很快就能带动整个学校的教学。"

问：您说得太好了，在您的成长过程中，也肯定受到了很多因素的影响。您觉得影响您成长的因素，这种外在的条件，还有内在的条件都有哪些？有哪些东西一直在推着你往前走，推着你沿着这个学科往前走，而不是把这个学科放下去教别的学科，反而一直在这个学科中不断地深耕？

答：在外在的因素方面，第一，我觉得对于骨干老师的成长来说，教研员的作用一定是相当重要的。师傅领进门，修行在个人。教研员的作用是很重要的一方面。第二，就是学校对骨干教师的培养。我所在的学校是一所百年老校，有 120 多年的历史了。我年轻的时候，可能是因为我参加赛课起点比较高，好多人都知道我，也是大家对我个人素质的一种认可。从学校层面，包括教研室，给我提供了很多学习的机会。从个人的角度，我可能想不到自己会去参加研讨会、去学习。只有你得到了那么一个平台，学校给你提供了学习的机会，你的视野才能打开，对学科的了解也能更深。第三，是个人对于机会的把握，以及个人的成长意愿，我觉得这是最核心的一个因素。因为我没有晋升正高级职称，所以很多人问我怎么不晋正高。我也想晋升，但是我没有为了晋升而晋升，我觉得没有必要非得拿那个证，我只想埋头干，觉得这个东西挺好的，我就一直干下去。工作当中不该那么急功近利，认准的事情就去做，成长的意愿很重要。第四，要考虑家庭的因素，必须得承认的是，女同志在成长的过程当中，面临的阻力更大。你需要家庭的支持，特别是带孩子什么的。幸运的是在带孩子的问题上，孩子的爷爷奶奶给了我很多帮助，我没有那么多家庭的负担，最起码在看孩子方面挺省心。我爸爸是个农村老头，我当年参加讲课比赛，得了全国一等奖，我爸拿出 500 块钱让我去买新衣服，我那时候工资才 300 块钱，也就是说对于我爸来说，闺女这件事做得挺好的，对我是一种鼓励。从我公公婆婆的角度来讲，我们结了婚，有了孩子，但没有扯后腿，我老公尽管脾气急，总体上也是支持我的，所以说家庭的支持挺重要。除此之外，你外出学习、推进活动，有时候是机遇也是平台，我想到的就是这些。

问：您在成长过程中有没有遇到过一些难题，是怎么解决这些难题的？

答：其实我遇到的一个难题到现在也没有解决。这个难题就是做什么。我一直是做实践，我就做不了理论，我很清楚自己的弱点。我也看了很多书，但是又很难沉下心来去做个研究。局限在于，我能当个好老师，但不是一个专家型的老师，这个问题一直没有解决。前一个阶段我也做思政金课，培养出了好多选手，但是我不善于总结，不善于提升，就是沉不下心来。我知道自己的问题，学术的东西，我就做不了。所以说我可能就停留在一个教书匠的层面了，问题很简单，我去参加一个活动，这个老师讲完课了，要我去做个点评，这没问题的，我肯定也能评到点子上去，理念上我也不会太落后。但是真的让我用学术的语言去讲一些理论性的东西，这是我欠缺的，我觉得这可能涉及很多方面。举一个最简单的例子，我曾经跟我们市里教科院的院长聊过成长历程，她是跟我年龄相仿的老师，相对来说，她的理念更先进。我们俩同时参加赛课，她先拿到了省一等奖，我晚一年拿到了全国一等奖，按说我的起点比她高，但是这位老师发展很快，他们那里做课题的氛围特别好，所有的学校都在做小课题，所以她就成长得特别快，在理论方面，我们就已经不在一个层次了。虽然我这么多年一直在做，但是我只能是一个教书匠。包括去年省里的工作坊，有一位专家也在聊这个问题，做科研的问题，确实欠缺，我也很清楚，但就是突破不了。

问：我们再聊最后一个问题。您为道德与法治教师的成长提一提建议，怎么才能更好地让他们成长？比如需要什么条件或者其他方面。您觉得比较急切需要解决的问题是什么？他们怎么才能更好地成长？

答：在“三新”（新课程、新课标、新教材）这种大背景之下，越年轻的老师接受新事物越容易，反倒是工作时间比较长的老师转变思路更慢一些，特别是在我们这样的地区。所以我觉得当下你要想成长得更快一些，最重要的还是更新教学理念，改变教学方式。我们从小所接受的教育，就是传统的老师讲学生听的这种教育方式，在教育的大背景之下，必须改变，刻不容缓。高考在改，中考在改。作为一个小学老师，只有把眼光放远一点，看见孩子的未来，更新自己的教育理念，尝试从教学的方式上去改变，才能有成长。简单来说，就是学习加实践。

问：太感谢了。我从您的成长经历中收获了很多。

答：今天晚上跟你一聊，我觉得不行了，我得好好干活，我得好好学习，天天向上。

代表性优秀教师访谈记录 4

问：老师您好，非常感谢您接受访谈，我在做一项关于小学道德与法治教师的研究，主要是研究优秀小学道德与法治教师的成长叙事，有些问题向您请教一下。您是从什么时候开始教这门课的？

答：我文化水平有限，我可能表达得比较浅显，但是我一定会把自己成长中最真实的想法表达出来，不一定是多么深的理论。

问：咱们就是聊天，您先讲一讲，您当初是怎么成为思政课教师的？一路走来您经历了什么？如果说到一些问题，您可以多举例子，有时候可能对一些事情印象比较深，这样的例子可以多举一些。您先说一下。

答：我学的专业是少儿思想教育，毕业之后直接分配到学校，做少先队辅导员。我们一参加工作就是这种岗位，顺其自然地就教了这门课，我经历了这个学科的三个阶段，第一个阶段叫思品课，后来更名为品德与生活、品德与社会，现在是道德与法治，我自然而然地就是少先队辅导员、思品课的教师，学校上一任的辅导员老师也教这个学科。我觉得比较幸运的是参加工作至今，我一直都是这个学科的专职教师，这一点是走在前列的，我也是这个学科唯一的一位市级名师，这是我最值得骄傲和自豪的事情。我从参加工作就教这个学科，所以研究这个学科的时间也比较长，也因为发自内心地想去研究而带动了我的专业发展，不是为了评职称，为了拿一节课的证，或者为了比赛获奖而去参与学科的研究，我就觉得研究的目的也挺重要的。在成长的过程中，在这 20 多年的时间里，我觉得确实有些东西让我一直坚持到今天，包括我今天上这节课，很多的老师课下也会问：“你到了中年为什么还那么勤奋？”我平时也和老师交流，老师始终问：“是什么让你像打了鸡血，这么喜爱这个学科？”其实这个问题我也不停地问我自己，我也会和一些青年老师交流，我觉得自己就是扎进学科的研究当中了，不夸张地说有点不能自拔，我真的喜欢研究。对于这个学科，比如来了新课标、新教材，我就特别愿意去看去读。其他老师可能觉得课标读起来很枯燥，为了应对各区市的学课标、用课标的考试才去看两眼，但是我特别愿意看，我能看进去，包括对于这些课例和课题的研究。我刚刚做完一个"十三五"教育规划的课题，我觉得我就是愿意去研究。刚才说到课题，课题对于我后期的成长，特别是进阶式的成长，起了一个推动作用。在我做省级课题之前，主持过市级课题，是一个全学科的合作式学习。在做市课题之前，我对做课题是很抵触的。我觉得课题是像您这样的高校的高学历老师做的，由我们来做课题太难了。当时学校领导让我牵头去做，作为主持人，我肯定要从我们学科入手，而我又干了这么多年大队辅导员，学校的整个德育活动的线牵在我手里边，所以我可以很好地将课程和活动融合起来。另外在做课题的时候，我也比较大胆，我就把合作式学习以我们思政课为样板辐射到语数英各个学科。最后我们结题的时候还开了一个现场会，"小学科带动大变革"。通过我们思政学科带动了全校各个学科的合作式学习。之后我就尝到了做课题研究的甜头，我觉得有抓手，有我可做的事情。后来又成立了名师工作室，我是从校级工作室做起的，校级工作室做了 2 年，区级工作室做了 3 年，市级工作室又做了 3 年。这 8 年的时间，我作为工作室主持人，对学科有了更深沉的爱和更深入的研究。最初的校级工作室只有3个思政教师，我是专职，他们是兼职。我们搞合作学习的研究时，又拉进了好多其他学科的老师，我们做这种大研究，上升到了区级工作室。区级工作室是一个专业性非常强的单独学科工作室，当时区里也很支持，给予我们经费资助，我们可以充分地“走出去、请进来”，和兄弟省市的教师进行交流研讨。那个时候我就有想法，要带着工作室的这些小伙伴们一起往前走。另外，我作为主持人，有一种很强的责任感，就是我这三年要给他们定目标，我会给每个人目标，也会严格要求自己。我作为主持人，不能在原地止步不前，要给他们做榜样，给自己定三年规划和每一年的分级目标。我们每年都会在小结会上交流谁的目标完成了，读了多少书，上了几节课，参与的课题研究，都会有很详细的目标任务。所以这3年我们真的做了很多的研究，也成就了他们，毕业之后，他们全都是区级教学能手了，我也很自豪，因为开始的时候只有两位老师是区级教学能手，他们成长得也很快，这也激励着我。这3年的时间，个人的责任感和使命感让我也成为市级名师。我这3年超额完成了区级工作室的任务，原来没有定这么高的目标，可能就是做学科带头人，也是挺幸运的，超额完成了。再后来，可能因为区级工作室做得比较扎实，区里领导很认可，在市工作室选拔的时候，我抱着试试看的心态参与，但是很幸运被推选了。而且教研员说，这是市里唯一的一个义务教育段的名师工作室，是我们思政学科的独苗苗，教研员特别支持，所以市级工作室又做了3年，去年刚刚结业。有了区级工作室的经历，我也更成熟了，思路更清晰了。所以在设计工作室的时候，我带的是市级的，本区的不能超过 3 名，即不能超过成员人数的 1/3，加上我一共是 9 位同志，其他的老师来自不同的区，还有 2 位乡村教师。有些人原来都不认识，我们从不认识到认识，每个月用走研的方式开展活动。因为在区级工作室有经验了，他们总是跟着我走，没有自主意识，我就想：我在市工作室怎么引领了他们？像三级工作室的这种梯度的发展，怎么通过我的引领，让他们也能成立自己的区级工作室、校级的工作室？这是我一开始就有的比较大胆的想法，所以我就一直在想怎么让他们也能够像我一样会带工作室，会带青年骨干的教师。我就用每个月走研的方式，我们每个月定了研讨的主题之后就承办，不是说让他们都到我们学校来，而是我们都到学校去，该到农村的时候我们就到农村去。当给他们布置这种任务的时候，每个人都很珍惜，都会仔细策划，而且我的要求就是谁承办谁就负责到底，从活动的方案到整个研究的主题，再到微信的发布，新闻媒体的发布。所以在这个过程中，他们每个人都可以去承担一些任务，我们会分一些小课题、小项目、小内容让他们去做。我觉得特别是第一年，一轮下来，他们收获很大。我们搞读书交流会的时候，我印象很深，我们真的是一板一眼地在进行读书的交流和分享。他们也觉得机会很难得，他们很期待每一次的活动，因为这样可以放下学校繁杂的工作，心无旁骛地进行学科的研究，这让他们觉得很享受。我发现他们都表现得特别好，特别是那两个乡村教师，有时候我因为工作忙拖延了一下，就会感觉这两个教师很失望，他们会在微信上问我，每次结束后，他们都会问下一次是什么时候，都很期待，所以我就觉得这种使命感是相互的，当他们期待活动的时候，我也更有责任感，想着要怎样帮他们策划活动。虽然是走研，但我并不是甩手掌柜，不是扔给你不管了，我会和他们一起想怎么把这个活动搞好，帮着他们策划，所以我也很骄傲，三年的时间成就了4位市里的教学能手，他们也都成立了自己的区级的工作室。

我觉得当时挺大胆的，那个想法实现后，也开始辐射引领。同时，这也倒逼了我成长，人家都在进步，我也不能停滞不前，所以这个过程中我也和他们一样努力。我觉得每一次的成长，虽然用他们的话说是仰望，但也是鞭策，我觉得这种鞭策是相互的，他们进步，我也要进步。另外，刚才说到课题，我在区级工作室被逼着研究市课题，尝到甜头之后，主持市级工作室时我就痛下决心，我就觉得我必须用课题来引领，将课题作为抓手，带着小伙伴们去发展，这样我们才不是“东一榔头，西一棒槌”，每个月就是走研读书、交流交流、磨磨课、碰撞碰撞，但大家不能一直待在低层次，还要再做课题研究。所以我很用心地申请了一个省级的“十三五”的教育规划课题，我觉得这一路走来，我很用心，也是挺幸运的。我和青年老师一起交流的时候，我就说：“越努力越幸运。”我经常说这种话。我觉得省课题能立项是因为我当时选的研究题目比较好，即社会主义核心价值观融入小学道德与法治的教学策略研究，正好和学校的德育活动契合。这几年我们主要是在研究怎样把24字的核心价值观融入课程，我们把12册书进行了梳理，关于爱国的在哪一册，关于法治的在哪一册，同时构建了一些教学模式和教学方法，并进行了实践，在后期也进行了提炼。今年4月成功地结题了。我觉得通过这种省课题的研究，特别是今年省课题结题要求特别高，结题的过程当中，大家对于课题的认识完全不一样了，研究报告要体现真实性，你要真正提炼出东西，对于我们这种教小学的、学历不高的老师来说确实挺难的，我们竭尽全力，效果还不错，第一次就过了。我私下和他们交流的时候，有时候会说到三个维度，一是在成长过程中，要有规划。二是我们是一个团队，必须协同创新，我们有自己的团队文化，包括小logo和工作室，我们以工作室为载体形成了一种文化。主持人和成员互相信任，互相支撑，你需要我，我需要你。第三就是课题研究中的幸福成长。我的成长也受益于其他学校，以前对我成长帮助很大的老领导，他们到别的学校去的时候，会邀请我去给老师们做培训，他们说："你总是像打了鸡血一样，不管是20岁、30岁，还是40岁，不管什么年龄段，你总是热情满满。"这两天我们区进行优质课比赛，我找谁谁拒绝我，都说不参加，受不了这个罪，他们有的都还没有结婚，还没有小孩，并没有什么负担，有小孩的教师会以小孩为借口。我也有小孩，我也不是丁克族，我经常现身说法，在我成长的过程中，几个大的转折点还都和孩子的成长有关，不是孩子大了就可以放手不管的年龄，比如我评区级能手的时候，挺着8个月的肚子上现场课，还封闭了一天，我印象很深，当时他们都说我怀的是双胞胎，因为肚子特别大，年轻的时候也有点胖，我进去上课的时候，评委什么都没说，他们都被震撼到了，有一个评委后来说："英雄母亲，你把这节课从头到尾上下来就行了，千万别激动。"他担心我会发生什么事，因为我的肚子仿佛快被撑破了，但我把课上下来了。我参加市优质课比赛的时候，离家很远。我印象很深，孩子当时还在哺乳期，才四五个月大。我住在宾馆，用了48小时备课。孩子也没有断奶，因为孩子太小了，不舍得断，我就这样背着大奶瓶去参加比赛了。孩子在家哭得像杀猪似的，我也不知道，而且孩子从小不喝奶粉，那几天就一点小米粥、一点水地坚持着，反正我想要做一件事情，就会心无旁骛地投入。我觉得有困难可以克服，和青年老师交流的时候，我说现在闺女高三了，我好像也没有影响到她的成长，不管是心理的还是身体的，都没有影响，她个子很高，很阳光，成绩也很好。还有一次机会也非常难得，有一个省里的研讨会，我特别想去，因为生完小孩之后，我觉得自己好像有点赶不上研究的步伐了。当时孩子才11个月，我要是去就意味着给她断奶，我觉得都说吃到一岁，也不差这一个月了。家人也很支持我，我11个月就给她断奶了。这个牺牲我觉得很值，那次培训让我很快回归了队伍，接触到了很多新理念、新思想。所以我就跟他们讲，在我成长的每一个阶段，其实也有孩子的牵绊，但是我觉得困难都是暂时的，在成长的大节点上，一两天的牺牲很值得。我挺不理解有一些人的，我也有孩子，是个过来人，即使孩子中考的时候，我也没有放下工作去全力以赴地陪伴孩子。我是真的喜爱这个学科，也没有接触过其他的学科，对这个学科，教科书的更替也好，课标的进阶也好，包括现在新教材的理念，以及大单元的新东西，我特别愿意去了解。有很多老师说："你不是都上过省公开课了吗，怎么又回去上市公开课？"我的回答是我想一直待在这个课堂上，不是做幕后，虽然大部分时间在做幕后工作，但我也想走到台前，上一次大课，让自己时刻处于这种接受新理念、新事物的状态。我觉得站在讲台上亲自上课和站在幕后指导老师去上课是不一样的。一个教研员能给老师做指导，但未必能站在台上讲课。我想让自己既能为别人做嫁衣，成就这些青年教师，也能活跃在台前。今天讲课后反思的时候，他们都照稿念，我就挺感慨的，我觉得老师们现场听了也是挺好，我昨天晚上翻了翻，我最后一次上大课是 2012 年，是省公开课，我离开大课堂已经 12 年了，今天站在大舞台上，就像当年省优质课比赛，让我有一种久违的兴奋感，也体会了那种久违的压力。很多人都说："你还愁什么，你来了就行，哪怕不张嘴。"我说："不是的，老师们，因为我是市级名师，大家在看我这节课的时候，可能会用非常审视的、挑剔的眼光来看，他们是来看名师的课是什么样子的，所以我背负着很大的压力，我这一个月没怎么睡觉。"另外，我想用这样一个机会去引领青年骨干教师，让他们看一看名师的课堂是什么样的，让他们心服口服。我比他们的年龄都大，我想带给他们一些引领，别人可能想不到这些，但我会在每一个细节上要求自己。我会想，作为榜样，我怎么才能对得起名师这个称号，让他们心服口服，让他们知道这就是榜样。哪怕他今天回去就要上课，他也不能躺平了，也要研究，我觉得这样就很值，我做的所有努力，熬的夜，就很值得。其实你说我是为了这一节市公开课的证吗？我已经不需要这个证了，现在，证书对我来说已经不是终极目标。想不想知道上周六我去给乡村思政课教师做培训，三个小时的时间我跟他们聊了点什么？我的题目是“做有情怀的新时代优秀思政课教师”，我就是围绕着情怀来讲的，基于我这几年的发展，以及当下思政课教师需要哪些情怀素养，我觉得效果挺好，我也没想到反响那么好，三个小时没有一个看手机的。我私下又加了几个老师的微信，主办方反馈老师们觉得挺接地气的，有的时候他们听不懂一些高深的理论，我们这些人文化水平有限，他听不懂就不爱听。来自一线的老师一直在这个学科，和他们交流起来就有共鸣。现场我还会和他们进行一些互动，特别是最后，我拿着话筒走下台，我发自内心地认为，越幸运越精彩越优秀，我觉得效果挺好。我就想这一上午的课，哪怕能触动他一点点，让他真的爱上这个学科，真的投入有情怀的教学当中，就很值得。另外，我觉得思政课教师必须爱孩子，和其他的学科不太一样，其他学科可能会更注重知识，比如语文的字词，数学、英语方面的一些知识。我们这个学科更多地和核心素养相关，高年级的课本上也有一些知识点，但是低年级的课更注重培养孩子的行为习惯和道德品质。我一直坚持在低年级和中高年级教学，每个学期我都会跨两个级部来教，教 8 节课。我坚持教一年级，有的人说我傻，说一年级的课特别是这个学期很累，但是我喜欢和一年级的孩子交流，是因为我觉得他们太可爱了。我就是喜欢小孩，如果做调研会发现，孩子们很喜欢上我的课，我是很自信的，因为每一节课我都会激情澎湃地和孩子们交流，从来不会坐着上课，从来不会关着门给他们放动画片，孩子们很期待上我的课。我很喜欢孩子，不会把这一周的 8 节课当作负担去上，我跟他们说我去上课是一种享受，我和孩子们交流是一种放松，这要比我处理其他事情幸福得多，我很珍惜每一次和孩子们交流的机会。我知道靠我一个人的力量没办法上好这些课，价值观、个人素养方面，我不一定能带给他多大的改变，因为家庭教育也很重要，还有其他影响因素，我毕竟一周才给他们上两三次课。但是我觉得我的课堂能给孩子一些正向的引领，这是一件很幸福的事情，这是我教师职业幸福感的来源。我现在带的是四年级，是从他们二年级开始带的，我和孩子有一个约定，孩子们说："老师你把我们教到六年级，到时候我们个子比你还高，给你当保镖，我们毕业的时候要跟您合影，我们每一年都要跟您合影。"我说："这我得跟学校申请。"孩子们说："你一定要跟学校申请，教到我们六年级。"我说："我会努力。"所以这个学期我主动说把四年级给我，因为我和孩子有一个约定，看看能不能把他们带到六年级。这个学期我是教二年级和四年级，二年级是从一年级带上来的，我会给他们从网上定制小评价卡，在课堂上我有一套评价体系，有小印章，攒齐了小印章、小卡片，就可以换一个小盲盒，他们现在不是喜欢盲盒吗？我就自己买小盲盒，一张小卡片上有12个小印章，攒齐12个小印章才能换一个小盲盒。元旦和暑假的时候，一些孩子会得到三张卡片，我会给他们买大礼包，他们很期待，而且在过完年开学的第一天，我会给每个人发，我如果教4个班，就会准备160份，我记得龙年的时候准备的是插小龙头的棒棒糖，我觉得这种爱是相互的，我心里装着孩子，所以孩子也喜欢他们的道德与法治老师，所以我觉得在成长的路上，我对于课堂的爱，对于学生的爱是真情流露，和孩子们之间的互动是没有功利性的，孩子们也不会给我发个什么证。值得我骄傲的是在操场上，他们都很愿意过来和我打招呼，他们都很亲我，低年级的小孩非得抱抱我，那种感觉很幸福。因为我在学校也负责家庭教育，和家长交流时，家长也说孩子喜欢道德与法治课，喜欢道德与法治老师，我觉得很幸福，他们能喜欢道德与法治老师，多少年之后还能记得有一个道德与法治老师，就挺难得。

问：刚才您讲得很好，从您的经历看，一方面是在名师工作室带团队，另一方面是跟学生的互动，能够看出您是真正喜爱这个学科。下面您谈一谈，您对这个课程是怎么认识的？这个认识有没有发生变化？您是怎么上课的？怎么用教材的？或者是从您的经历看，有没有发生变化，比如对这个课的认识有什么变化？您的课堂教学怎么样，有没有变化？您用的教材有没有变化？从这些方面来聊一聊。

答：课程上肯定有变化。我也会要求自己学习，学习一些新思想和新理念，课标就不用说了，这是必须反复学习的。再一个就是我觉得要用一些现代化的手段去学习，要将这种新时代的新技术拿到思政课堂上去。另外，我觉得作为好的思政课教师，还要关心国家大事。要知道当下的一些热点话题，聚焦一些时事问题。比方说上大课的时候，基于这个课题，我们要去了解和它相关的一些资讯，一些发展情况或者一些资源，在备课或设计课的过程当中有一些新思路和新想法。对于教材的使用，现在如果从头到尾都是对应教材来讲，不能算是一节优秀的思政课，不能再照本宣科了。我们很多内容都是以教材为抓手，当然这是离不开教材的，要根据教材的目标进行拓展。以前在教品德与生活、品德与社会的时候也会拓展。我们当时创设了情景串教学法，现在的大单元和当年那种情景串的教学法有异曲同工之妙，当然现在的大单元是对整个单元脉络的梳理，这种大任务、大驱动、大情境的设计，更有逻辑层次性。以前我们可能是基于一节课的情景串，只是一个小串，以前也没有大单元，只是聚焦于一课，现在我们再去备课，站的高度不一样了，是站在整个大单元的高度上去看这一节课，所以我觉得，这门课的厚度和深度比原来要高得多。原来的课和现在一比就很单薄。在使用教材时，在目标的主线下，我们会创设很多教材以外的内容。因为教材是面向全国的，不同地域、不同学校都在用这个教材，我们应该对其中的一些内容进行取舍。新的教材来了之后，我们会做一些相关的课例，用课例的研究去把新教材吃透，理解编者的用意以及一些新理念，从而把新课标、新教材的内容统一起来，体现在这节课里。

问：在这 20 多年的时间中，您自己有没有一些感觉？比如您的成长可能分为几个阶段，在这个阶段，我对这个课的认识是这样的，下一个阶段又有了变化，有没这样一些阶段？

答：我觉得可以分为几个阶段，那些阶段的节点，就是我迈上的一个新台阶。在我还是一个区级教学能手的时候，因为我是少先队辅导员，搞活动出身，学的也是这个专业，所以我更注重课堂活动的形式，这是我比较擅长的，我会开展一些课堂活动，形式多样，一会这样一会那样，现在想想，其实很肤浅。当时的课也都有录像，以供回忆，比如我上市区能手的课，参加市优质课比赛，参加省优质课比赛，上省公开课，其实让你记忆非常深刻的也就是这么几节课。我和青年老师交流说，在成长的过程当中，其实你也磨不了几节课，有的时候他们抵触这种磨课，感觉很累，我说："你看我的成长过程，磨的大课也就 5 节，但是每一节都会让我迈上一个新台阶，磨课的过程，它会逼着你成长，教案被推翻再推翻。"看看当初的那些课，第一个阶段就是停留在活动形式上，我磨课的时候会挖空心思地将这一节课和少先队活动结合，课堂上有一些活跃的形式，确实很花哨。第二个阶段的时候，我发现这个问题了，教研员也指出了这个问题，如果你的专业素养非常好，上课的感觉也非常好，教研员会给你点拨，但是当时我好像不太认同。虽然嘴上服气，但是心里是不服气的。年轻的时候，我觉得小学的品德与生活、品德与社会就应该活动类型多样、形式丰富多彩，谈话式、讲道理式的那种课多没新意，一节课都是谈话吗？现在回想当时教研员评课，说要深入地去和孩子交流，比方说问孩子："你都上网干什么？"孩子说上网购物，那时可能会继续问："你购物干什么？"但是现在，如果孩子说到购物，我就会问："你为什么选择上网购物？"他也许会说网购更方便，然后问："你上网买过什么东西？是图书还是文具？"会再去深入地交流。我当时觉得做跑龙套、跑教案、跑台词、跑活动类型的课，可能也能够胜出专业素养高的教师的课。再后来一个阶段就开始把内容串起来了，就像是穿珠子，课上的一些设计、一些活动就像散落的珠子，我怎么用一根线把这些珠子穿起来？是穿成一个金项链，还是银项链，或是珍珠项链？我要选一根什么样的线来穿？我总不能用金线来配珍珠。那个阶段，我更多的是去想这根线怎么选，开始基于目标选择了。我们最初的一些活动，也会考虑目标，不会只想形式。老教研员有时候开玩笑，说那样的课是假活跃。所以第二个阶段就是找线，把这些穿起来。现在再来看这一节课，我不会仅仅找一根线，我会找两根，明线是基于目标的、大家都能够读懂的线，我在这节课上还会埋一条暗线，这条暗线能够体现这堂课的课堂深度和厚度，我现在更喜欢这样的课堂，我埋的暗线肯定要和这些新教材、新课标的理念一致，而且就像专家所说，要不停地学习才能够找到这条暗线，这条暗线并不是多余的，而是独具匠心的。

问：您有没有这样的例子？关于明线和暗线的。

答：就拿我今天上的这节课来说，今天您给我的这个机会让我很激动。今天我讲的是《网络新世界》的第一课时“新世界很精彩”。上周去做评委的时候，我曾和教研员谈到框题如何分配，现在的框题到底是一二合并还是二三合并？如果有四个框题怎么合并？《网络新世界》这节课，有三个框题。第一框题是讲网络的发展让我们的生活更便利，网络带给社会的变革，网络强国等。第二个框题是怎么上网，上网的时间怎么安排，应该上哪些网，上网规则是什么。第三个课题是讲游戏的利和弊，是和游戏有关的。我在定要讲哪一个框题的时候，在网上学习了一些省级的优质课程资源，我发现他们基本都是把第一个框题和第二个框题，也就是说把“新世界很精彩”和“新世界有规则”放在一起，把游戏作为一个单独的部分。现在好了，自主权给了我，所以我的第一稿教案是把一和二（互联网的便捷性，互联网的巨大作用和规则）放在一起的。但是我自己很不满意，好像第一框题只有 20 分钟，我既讲不深，也讲不透。第二框题是关于上网规则，也是浮在表面，扎不下去，因为内容多，我要讲 40 分钟，而小学的课堂又要体验活动，又要合作探究。仅 40 分钟的时间，肯定都是点到为止，根本深入不了，所以被我推翻了。他们说我有强迫症。我的学生们、工作室的小伙伴都问我为什么不试讲一下，他们都觉得挺好的，但是我就是觉得不好。

第二周的时候，他们就问我试讲了吗？我说我推翻了，他们都觉得我有神经病，因为我还有半个月就要开课了，我用半个月的时间做了这稿教案，在他们眼中非常完美，但我全推翻了，不要了。我说我越看越不喜欢，为什么非要把一和二连在一起？我个人的理解是，第一课时要让孩子充分感受到互联网的便捷性和互联网带给社会的这些能量，它不仅便捷，还可以帮助人解决现实中的问题。我要让孩子们感受到我们从网络大国到网络强国的这种改变，让他们有这种政治认同感，于是我把二和三合在一起，我要讲规则，游戏方面的内容是可以揉在规则当中的，因为你讲规则时就会谈到游戏，我认为把游戏和规则连在一起讲更合辙，我就想试一试。第二稿教案，我就讲新世界很精彩，规则方面一点也不讲。这节课下来，看大家的反馈，包括今天教研员的点评，我觉得我是对的，这节课我带给孩子的是一种提升，解决了生活中的真问题，特别是教研员还表扬我，说："这就是名师的课堂。"我也很意外。我说："孩子们，今年是 2024 年，1994 年中国开始发展互联网，到现在 30 年了，很特别，今天对中国互联网又是特别的一天，因为乌镇世界互联网大会在今天开幕。"讲到这里，你知道孩子们有什么反应吗？有一个小男孩鼓起掌来，这绝对是课堂生成，我就说："你瞧这个小伙子都激动地为大会的胜利开幕鼓掌了，让我们一起鼓掌祝贺。"小男孩的反应是前面一个环节上升到网络强国环节的转折，看来是真的打动他了，他才四年级，不然他不可能鼓掌，但他确实带动全班鼓起掌来。我用 40 分钟去讲一个小的方面，因为这个方面不用讲规则，所以我把它设计成了“生活网、能量网和强国网”三个目标维度，他们也觉得这是独具匠心，是他们之前没有想到的。而且这是层层递进的，生活网对应着个人，能量网对应着社会，强国网对应着国家，正好讲到了个人、社会、国家这三个维度。此外我这节课还埋了一条暗线，我就想网络时代的这种新事物，能不能和传统文化结合，在备课的时候，我不停地告诉自己，我不能为了这条暗线而牺牲其他，弄巧成拙就不好了。我始终有一个美好的愿景，就是思政课怎么安排两条线，明线和暗线。基于目标的一条明线和独具匠心的一条暗线，我告诫自己，不能为了埋暗线而埋暗线，不能本末倒置。我就想怎么能和传统文化相结合，能不能让这种新科技和传统文化混搭一下，这个想法挺大胆的。我自己感觉还好，我在课前活动中播放了一条北京中轴线申遗成功的新闻，而且新华社推出了一个叫“数字中轴·小宇宙”的游戏，会讲到上网，会讲到游戏，特别是第二课还会讲到游戏的规则，从大单元角度来说，我把游戏放在这里也是一个伏笔，游戏可以玩，肯定孩子也都喜欢玩，我们不可避免地要讨论这个话题，但是应该怎么玩，特别是应该引领孩子玩什么样的游戏，现在的小孩都喜欢玩恐怖的游戏，我能不能正面地引导一下。因为有这个想法，这一个月我也在玩游戏，开始几天因为不会玩，看着屏幕我都觉得恶心，但是我忍耐着，就想看看这个游戏怎么玩，好不好玩，值不值得孩子们玩，这毕竟是新华社推荐的，一定有它的优点。所以在课前的活动中，我没说话，就放了一个视频，是新华网做的游戏的一分多钟剪辑视频。再到课堂当中，我问孩子们："你们上网都有哪些经历？都做什么？"有的说购物，有的说出行，有孩子说到玩游戏，其他小孩说："你这个答案不正确，你怎么把玩游戏说出来了？"还带着那种看笑话的表情。但是我会给说玩游戏的孩子一个肯定，因为他很大胆、很真实，孩子们上网一定会玩游戏。这个地方就是暗线的第二笔，我会说："老师最近也在玩游戏。"我每一次说到这句话的时候，孩子们都会张着嘴瞪大眼，很吃惊。我说："对，我也玩游戏，想不想知道我在玩什么游戏？""想！""我最近在玩课前播放的'数字中轴·小宇宙'的游戏，可好玩了。"我就不再说了，因为再说就超课时了，这节课我们讲《网络新世界》。上网可以玩游戏，我也在玩，而且我告诉学生我在玩什么游戏，很好玩。其实我是在吊他们的胃口，他们下课了是不是会去玩一玩、碰一碰，这是第二条暗线。第三条在中间，当我讲到"互联网＋医疗""互联网＋教育""互联网＋智慧城市""互联网＋农业"带给社会的变革后，我会说："'互联网＋'不仅仅是今天我们讲的这4个方面，4个小组只是交流了医疗、教育、智慧城市和农业这4个方面，还有'＋体育''＋文化''＋军事'等。特别是'＋文化'当中的'互联网＋博物馆'，现在也很受人们的喜爱，足不出户就可以参观博物馆。"这是我埋的第三条暗线。我带着孩子们现场用平板投屏进入北京故宫博物院官网，我在家曾经反复玩、反复点，这个网站是360度全景的，点开后想去御花园就去御花园，想去延禧宫就去延禧宫，想进太和殿看哪个宝物就可以点开哪个宝物，让你有身临其境的感觉。我投屏演示之后，每个小组都在平板电脑上打开这个网站，让他们亲自去体验。课后，课堂观察的老师问孩子们特别喜欢这节课哪一个环节，很多孩子会说是这个环节，他们很喜欢网上游览故宫这个环节，觉得太神奇了，一般到故宫去排队都买不上票，还那么热，那么累，这样方便多了。但是课堂上时间有限，我只给他们一分多钟的体验时间，吊他们的胃口，在他们玩得高兴的时候，我说："时间关系，请坐好，课下继续探究。"我又出示了其他的纪念馆，比如抗日战争纪念馆。这是我这条传统文化线，围绕着北京中轴线展开。到我结课的时候，我的课后拓展作业之一是和爸爸妈妈一起玩"数字中轴·小宇宙"游戏，获得能量值。这又和导课的时候"数字中轴·小宇宙"游戏呼应了，为什么这个作业要和爸爸妈妈一起做？就是要控制他们玩游戏的时间，为下一节课讨论这个规则做准备，所以又在这节课埋了一根暗线。在前些年，我不会考虑这些，这个课设计得的确很用心。

问：听您一说，我也很受启发，不光是讲网络，还把传统文化融进去了。

答：我不知道对不对，反正是听老师的公开课，大家也在研讨，教研员也给我们营造了这种很开放的研讨氛围，所以我就想去试一试，即便是遇到了一些问题，我也不怕，因为这些年我一直有这个想法，摆两条线，但是因为这些年我都在做工作室主持人，不太敢让年轻人用。一是我怕他们用不好，二是怕影响他们，因为他们站在台上的时候都是在上一个台阶，怕这个影响了他们。而我自己上课的时候，就没有这些顾虑了。

问：这样的设计确实是很用心的。

答：我有这个想法，刚好我又能把它串起来，我就觉得这样从开头到中间体验环节，再到结尾，都把它又串起来了，也就是说我还基于游戏给孩子一个正向的引导，但我想这节课结束之后，孩子们回去肯定会玩“数字中轴·小宇宙”的游戏，会再上网去逛一逛，一定会的。是的，我有这个信心，你看我这个目标达成了多少。

问：我再问下一个问题，您刚才其实也讲了，比如说越努力越幸运，一直很有激情，不管是在20岁、30岁还是40岁，到现在一直都对工作充满了激情。在您看来推动着你往前走，或者是一直让您保持这种激情的因素是什么？或者说这种推动力是什么？

答：因素之一肯定是性格，我比较要强，性格是一个决定性因素，我做一件事情就一定要做好，他们都说我有强迫症，什么事情都想尽善尽美，做到最好，其实有这种性格也很累，但是随着年龄增长也改不了。再一个就是，今天我还和我对象说：“我会给自己在天上挂星星，不停地用目标引领自己。”这些目标并不是功利性的，比如我要成长为一个什么样的名师。但是我觉得没有目标不行，所以在成长为市级名师之后，我就把省级名师作为我的一个目标挂上去，我要朝着那颗星星努力。我和老师们交流的时候会说：“我把那颗星星挂在那儿，它就会时常在我眼前闪烁，我仰望它的时候就想去把它摘下来。”我可能需要很努力地去做研究，我想更好。我还要给自己挂星星，我要让自己一直仰望这个星空，我朝着这颗星星去努力，至少我有一个目标挂在那儿。也不是必须得到，一是因为我的年龄，二是目前的心态，我觉得不是因为必须得到它，我才去努力，不是的，我更希望是通过设定目标让自己不躺平，让自己可以一直充满激情，在这个学科上发展。所以如果有一颗星星与我擦肩而过了，我会再给自己挂一颗，我开玩笑说：“这是一颗虚拟的星星，我也不知道它什么时候评，会不会评，但是我就把它挂在那儿，让我自己朝着这个目标努力。”这是实话。

问：您说的一是性格，二是设定目标，还有别的动力吗？

答：我觉得还有周围人的需要。青年骨干教师对我的这种认可，或者我给予他们支持后，他们的成长，他们都需要我，这是一种责任感，是引领的责任感。当青年老师需要我的时候，我会用我的经验和一些新思路，把他们带到很远的地方去，我自己也要在台前上大课，保持上课的新鲜度。

问：我也访谈了很多老师了，像您这样从学校毕业后一直做专职的思政课教师，还是我遇到的第一位。

答：我很感谢我遇到的几个学校的校长，我的成长离不开他们的支持。其实也有校长觉得我的语言能力很适合做一个语文老师，其中有一个省级名师，他就看好我，想让我跟着他发展语文学科，我就很直接地拒绝了，虽然别人都说如果你跟着他，你现在的语文也会发展得非常好，但我从来不后悔，因为从参加工作第一天，这个学科就好像长在我心里了，我就是这个学科的人，我就是爱这个学科，对其他学科，我从不心动。也有校长让我尝试着去代其他的课，我可以接受临时的代课，但是学科的发展不可能让我动摇。

问：现在看来，在专业发展方面，您是不是还面临着一些瓶颈，或者是不足，或者是困境？

答：也有，我们一起交流的时候就会谈到，现在上一节课太难了，要考虑的东西太多了，特别是大单元，其实我也看了好多，也听了一些专家的声音，也有一些专家有对于大单元的另一面看法，以前我们在做这节课的时候，可能会扎进这一节课中，去设计目标、创设活动，现在又加上大单元，我们还要研究怎样创设大单元的情境。如果是一个单元的起始课，即第一课时，或者是最后一节课的最后一个课时，我觉得不难设计。就怕是一个单元的中间课时，你可能会把它体现得不伦不类。其实我们在教研的时候，教研员压根没有说过现在的课必须是大单元，不是大单元不行，但是如果你的课体现不出大单元的理念，你就落伍了。所以大家就会挖空心思地想怎么把大单元穿插在里边，怎么体现我们的大情境大任务。

问：最后一个问题，您觉得如果出现了一些问题，我们需要哪些条件或者是保障来解决？

答：肯定是需要专家给我们引领，我们想听听现在这个阶段，比如说初中的议题式教学在小学怎么用？这种大中小一体化的教学，在我们小学里可能衔接得比较好，但是六年级和初中阶段，初三的和高中阶段，高中和大学怎么衔接？六年级的怎么和初中的课去融合、去衔接？怎么跟初中、高中的思政课目标衔接上？是不是为了一体化而一体化？比如我讲“直面竞争”这节课，到底在初中有没有和竞争相关的课题？它的目标定位又是什么？在高中有没有思政课？它的目标又是什么？我们小学老师现在还容易遇到什么问题？如果这个课题在不同的年级出现过，我们能否基于学情把持住目标？现在很多老师目标把握得都很准，但是学情把握得不准，为了让这节课讲得深些，总是会把一节三四年级的课，给六年级讲也合适，他不是基于学情，内容和目标总是定得过深、过高。比如说六年级关于公民的课，我们挖掘到什么程度就可以了？初中关于公民会设定哪些目标？这是人家初中时候才学的，是初中的目标，不需要我们再去拓展，你小学一年级拓展到这儿就 ok 了。一二三就够了，四五六不是你应该去探究的，这些是我们欠缺的。目前，我觉得这个课要做加减法，有些课要做减法，不能总是想深、再深，我觉得这样才能体现一体化。实现目标螺旋式上升，同一个大目标下，这些分散在小学低段、中段、初中段、高中段、大学段的目标可能都是一个话题。有没有人把它提炼出来，告诉我们，你们小学讲到这里就可以了，我们初中还会有，高中也会有，你们不用再深入了。这是我们现在需要的。

问：今天聊得太好了，太感谢您了，收获非常大。

答：我太能说了，我今天可能比较兴奋。您也让我一直保持兴奋，我占用您时间了，不好意思。

问：我觉得很好，我们讨论得很充分，我也记了很多。

答：因为没有做任何准备，所以很忐忑。如果您问什么时间合适，我会说明天，我会利用今天晚上的时间备备课，您问我什么，我怎么跟您交流，我要说些什么，所以刚才没有准备好，只是随性地说，没有什么逻辑性，但是我能很负责任说那些都是真话。

问：刻意准备了反而不如这样随性地聊天，我觉得很好，而且收获非常大。

您是一个很好的范例，一开始就是专职的思政课教师，这是一个很好的、很典型的案例。再就是从您的成长经历能够看出，您对这门课充满了热情，饱含着深情，我觉得这一点很重要。

参考文献

［1］陈向明．质的研究方法与社会科学研究［M］．北京：教育科学出版社，2000.

［2］杜威．学校与社会·明日之学校［M］．赵祥麟，任钟印，吴志宏，译．北京：人民教育出版社，1994.

［3］柯尔伯格．道德教育的哲学［M］．魏贤超，柯森，等，译．杭州：浙江教育出版社，2000.

［4］泰勒．课程与教学的基本原理［M］．罗康，张阅，译．北京：中国轻工业出版社，2014.

［5］课程教材研究所．20世纪中国中小学课程标准·教学大纲汇编：课程（教学）计划卷［M］．北京：人民教育出版社，1999.

［6］课程教材研究所．20世纪中国中小学课程标准·教学大纲汇编：思想政治卷［M］．北京：人民教育出版社，1999.

[7] 中华人民共和国教育部 . 义务教育道德与法治课程标准（2022 年版）[S]. 北京：北京师范大学出版社，2022.

[8] 陈燕浩 . 小学道德与法治教师队伍的现状及改进研究：基于 C 市教师调查数据的分析 [J]. 教育参考，2021（1）.

[9] 程介明 . 教研：中国教育的宝藏 [J]. 华东师范大学学报（教育科学版），2021，39（5）.

[10] 程骏，季文华，盛宏宝 . 小学道德与法治教师队伍建设的问题与建议：以安徽省部分县区为例 [J]. 中国德育，2019（16）.

[11] 程伟 . 生活德育的实施误区及其超越 [J]. 课程 · 教材 · 教法，2021，41（5）.

[12] 程伟，于冬冬 . 政策工具视角下中小学思政课教师政策文本分析 [J]. 中小学德育，2024（5）.

[13] 程伟 . 优秀的小学思政课教师是如何炼成的？——基于教研员、骨干教师访谈的质性分析 [J]. 中小学德育，2022（12）.

[14] 程伟 . 道德与法治课程铸牢中华民族共同体意识：逻辑依据、实施困境与优化路径 [J]. 中国德育，2025（3）.

[15] 冯建军 . 义务教育道德与法治课程理念 [J]. 课程 · 教材 · 教法，2022，42（6）.

[16] 郭靖华，周娜，孔德阳，等 . 小学道德与法治教师学科本体性知识研究：基于课程主要素材的内容分析 [J].

中小学德育，2021（4）.

［17］韩延伦，刘若谷．教育情怀：教师德性自觉与职业坚守［J］. 教育研究，2018，39（5）.

［18］和学新，郝媛媛．小学道德与法治课教师队伍高质量发展的问题、困境及出路［J］. 当代教师教育，2023，16（1）.

［19］胡莉英．“教科研训一体化”服务思政教师专业发展：以太仓市小学道德与法治教师队伍建设为例［J］. 中学政治教学参考，2021（3）.

［20］胡姝，张广斌，张志勇．组织生态视阈下中小学思政课教师专业发展的困境与策略：基于 2020 年度全国中小学德育调查［J］. 教育科学研究，2022（8）.

［21］计琳，周敬山，谢诒范．中小学思政课教师专业化发展现状、问题与对策研究［J］. 上海教育科研，2023（3）.

［22］鲁洁．德育课程的生活论转向：小学德育课程在观念上的变革［J］. 华东师范大学学报（教育科学版），2005（3）.

［23］罗嫣才，蔡檬檬．我为什么选择小学道德与法治学科？——基于 18 名骨干教师专业发展动机访谈数据的质性分析［J］. 中国教育学刊，2021（7）.

［24］罗嫣才．教研参与对小学道德与法治教师专业发展的影响研究［J］. 课程·教材·教法，2020，40（5）.

［25］罗嫣才．教研赋能：小学思政课教师专业素养提升

的区域行动［J］. 福建教育，2022（9）.

［26］石雨晨，曹曙 . 新手和熟手教师开展对话教学的比较：基于小学道德与法治课堂的干预研究［J］. 西北师大学报（社会科学版），2023，60（6）.

［27］谭泽光 . 道德与法治教师队伍建设：问题与优化——基于德育状况监测的调研思考［J］. 中小学德育，2023（7）.

［28］唐燕 . 为什么从事德育？——论小学道德与法治课教师的道义动机及其建构［J］. 中国教育学刊，2020（6）.

［29］王伟，唐文静 . 乡村教师何以坚守且卓越：基于四位乡村卓越教师的叙事分析［J］. 教师教育研究，2023，35（2）.

［30］吴欢巧，俞晓梅 . 项目制工作室：提升小学道德与法治教师课程胜任力的实践探索［J］. 教书育人，2021（14）.

［31］颜莹 . 校园中角色模糊的边缘人（一）：小学品德课程教师专业发展现状调查［J］. 思想理论教育，2008（2）.

［32］晏敏，徐爱杰 . 小学班主任兼任品德课教师的利弊及改进建议［J］. 教学与管理，2021（17）.

［33］于月颖，刘程程，郭威，等 . 小学道德与法治教师学科本体性知识的整体架构：基于儿童成长的主体关系划分［J］. 中小学德育，2021（4）.

［34］张海明 . 吉林省小学道德与法治学科一体化建设现

状调研［J］. 吉林省教育学院学报，2022，38（3）.

［35］赵虹元. 我国教研员角色的变迁与展望［J］. 课程·教材·教法，2018，38（10）.

［36］周明星，荆婷. 乡村小学卓越教师特质及其影响因素：基于湖南省43所乡村小学的调查［J］. 教育研究与实验，2018（4）.

后　记

对小学道德与法治教师的研究最初源于我对他们的访谈。2021 年暑假，为了研究一线教师对小学道德与法治教材的认识和理解，我采访了一些教师。在访谈过程中，这些教师都不约而同地谈起自己是如何一步步成长起来的，尤其是其中一位教师从开始的“抵触”到后来的“热爱”，激发了我强烈的研究兴趣。我意识到研究小学道德与法治教师的成长是一件非常有意思的事情，因为道德与法治不同于语文、数学等学科，教师多以兼职为主，他们的成长经历值得深入研究。

自此，我陆陆续续采访了近 30 位一线教师，这些教师都是一线教师中的佼佼者，有省级名师、市级教学能手的获得者，也有省市级优质课比赛一等奖的获得者，很多都是当地名师工作室的主持人。在与他们交流的过程中，我深刻地感受到他们身上所体现的教育情怀，他们对思政课的热爱，对工作矢志不渝的坚守，深深地触动着我。在整理和分析访谈资料的过程中，我也发现优秀者身上所共有的一些特征，比如，他们不会放过任何一次学习的机会，他们身上总是有一股冲劲，他们对待任何事情都非常认真，他们都非常刻苦和勤奋……整理资料的过程也是向他们学习的过程。这些优秀教师的成长故事不断鼓励着我，要把这些内容整理出来，让更多年轻人看到，以此激励更多青年教师。在此，向接受访谈的老师们表示衷心的感谢，出于研究伦理的要求，不能一一列举他们的名字，真心希望这些老师在专业化发展道路上继续前行，从优秀走向卓越。尤其需要感谢其中 4 位优秀教师代表，当我向他们征求意见的时候，他们毫不犹豫地答应了我的请求，都表示同意将访谈记录放入书中。我想这也是他们教育情怀的一种体现吧，不仅热爱教育事业、关心关爱学生，还时刻关注青年教师的成长并支持对道德与法治教师成长的研究，为他们的教育情怀点赞，向他们的帮助和支持表示感谢！

一天，正在上小学二年级的女儿跟我聊起了道德与法治，她问道："爸爸，道德与法治是不是都是关于生活的？"听到女儿的问题，我感到非常惊讶，二年级的小朋友竟然能够对这门课有如此深刻的认识，着实令人吃惊。女儿还说："爸爸，我长大后想当一名道德与法治老师。"听到她说的话，我非常欣慰。女儿能喜欢道德与法治，并且能对课程性质有较为深入的认识，在很大程度上来源于从小的耳濡目染。因为我研究道德与法治，所以家里有好几套教材，女儿对这些教材非常感兴趣，有很多次都是看到痴迷的程度。有一次我问她是从什么时候开始喜欢看道德与法治教材的，她说上幼儿园之前就已经在看了。在家里，女儿会时不时地找道德与法治教材来看，以至于我的几套教材常常散落在家里的各个角落，很难凑齐完整的一套。这体现出我们现在使用的统编教材是小朋友感兴趣的，是以儿童为本位的。希望女儿能一直保持对道德与法治教材的兴趣，如果将来她真的成为一名道德与法治教师，我是深感欣慰的。实际上，道德与法治课确确实实对我女儿的成长产生了比较深刻的影响。一次外出就餐时，女儿坚决拒绝使用一次性筷子，我问她为什么，她说道德与法治课上老师讲过，要注意节约和环保，不能使用一次性筷子。于是，我收起了一次性筷子。这一刻，我突然感觉女儿变得如此高大，她说的话掷地有声，她更像一位老师。在她面前，我倒成了一位小学生，聆听她的教诲。我想，这就是道德与法治课程的魅力、道德与法治教师的贡献吧。

中国经济出版社教育教材分社社长崔姜薇、责任编辑黄傲寒老师为本书的修改、完善、出版付出了大量心血，两位老师的专业水准和敬业精神令人敬佩，衷心感谢两位老师的辛苦付出。